Le guide du TOUT VA BIEN

AVERTISSEMENT AU LECTEUR

Les conseils, trucs et astuces du *Guide du tout va bien* ne peuvent en aucun cas se substituer à un avis médical. Seul un médecin peut diagnostiquer ou soigner une maladie. Il est donc indispensable d'en consulter un.

• Les tisanes à base de plantes ne sont pas toujours dénuées de risques (allergies, effets secondaires...), donc n'en abusez pas ! Et surtout, n'oubliez pas de demander conseil à un pharmacien ou à un médecin spécialiste des plantes médicinales.
• Les huiles essentielles peuvent se révéler dangereuses si elles sont mal utilisées. À éviter pour les femmes enceintes, les personnes âgées et les enfants en bas âge de moins de trois ans. Aussi, les huiles essentielles ne s'ingèrent pas, ou alors sur le conseil d'un spécialiste. Ne les appliquez jamais pures directement sur la peau et surtout sur les muqueuses (yeux, bouche, nez, oreilles, vagin) ainsi que sur toute zone irritée ou sensible, car elles risqueraient d'être dangereuses. Diluez-les dans de l'huile végétale comme l'huile d'olive ou l'huile d'amande douce.
• Certaines huiles issues d'agrumes peuvent se révéler photosensibilisantes : l'exposition au soleil après leur utilisation n'est donc pas recommandée.
• Les huiles essentielles d'origan, de sarriette, de thym peuvent être hépatotoxiques, d'autres peuvent déclencher des allergies. Il est donc conseillé d'effectuer un essai en appliquant à la pliure du bras une goutte d'huile essentielle diluée dans une cuillerée d'huile végétale. Si une réaction se déclare dans les 24 heures, renoncez à son utilisation.
• Une huile essentielle de bonne qualité se conserve parfaitement durant plusieurs années dans un flacon en verre (les huiles essentielles peuvent ronger la matière plastique), bien fermé, entreposé debout, dans un endroit frais.
• Rangez vos huiles essentielles hors de portée des enfants... et des chats : ils pourraient s'empoisonner avec.

Claudine Wayser
et le docteur Hartz

Le guide du

TOUT
VA BIEN

Tous les conseils et recettes de santé, d'hygiène et de beauté
pour aller bien de la tête aux pieds

SOLAR

Tous les trucs

I- La tête

et astuces

II- Le corps

III- Le corps et la tête : coups de fatigue

Introduction

Ce guide, écrit par une femme, relu par un médecin, répond à toutes sortes de questions qu'on n'ose pas toujours aborder, mais qui gâchent la vie, comme l'acné, la mauvaise haleine, les pellicules, les ballonnements ou les problèmes de transpiration.

Quand faut-il consulter un médecin ? Que faut-il faire en cas de brûlure, de saignement ou de morsure ? Comment venir en aide à quelqu'un qui a avalé de travers ou qui vient de faire une chute ? Quelles sont les précautions à prendre pour protéger les enfants des divers accidents de la vie courante ?

Comment soulager un mal de tête, lutter contre le rhume, préserver sa peau après le rasage, éviter le mal de dos ou de pieds ? Comment apaiser les démangeaisons, éviter la cellulite ? Mais aussi, comment obtenir des cheveux brillants, une peau éclatante, une ligne svelte, des jambes légères ou des mains impeccables ?

Tatouages, piercing, dreadlocks, perruques, épilation, rasage, dentiers : les hommes, les femmes, les jeunes et les plus âgés, tous peuvent être concernés par les sujets traités, tous trouveront, dans *Le guide du tout va bien*, quantité de recettes, de trucs et astuces pour améliorer sa qualité de vie et soulager ses petites douleurs.

En résumé, grâce à ce guide, on obtiendra un maximum d'informations, pour se sentir mieux, pour aller bien...

Claudine

Tous les trucs et astuces pour la tête

Le mal à la tête

 Nous avons tous souffert un jour ou l'autre d'un mal de tête. Le plus souvent, la douleur, présente en général des deux côtés de la tête, en excluant le cou et la face, est provoquée par une tension musculaire. Il s'agit alors d'une céphalée de tension. Un cachet d'aspirine ou de paracétamol, ou même un sac rempli de glaçons appliqué sur les tempes peuvent suffire à apaiser ce mal de tête.

Certaines personnes, en revanche, sont handicapées par des crises récurrentes, plus ou moins rapprochées, plus ou moins lancinantes, s'accompagnant de nausées ou de vomissements. La cause de ces crises est variable. Il peut s'agir de problèmes psychologiques : des contrariétés, de l'anxiété ou du stress. Mais il peut s'agir aussi de facteurs alimentaires : l'abus d'alcool, de chocolat, d'une nourriture trop grasse.

Les produits laitiers et ceux à base de gluten sont des aliments à risque pour les migraineux. Le manque ou l'excès de sommeil peuvent également déclencher un mal de tête, mais aussi, chez les femmes, les déséquilibres hormonaux. Ces accès douloureux débutent en général à la puberté, puis diminuent après la ménopause. Une bonne hygiène de vie peut aider à les espacer, mais pas toujours.

En cas de fortes migraines, il est conseillé de consulter.

Seul un médecin pourra s'assurer que ces crises ne sont pas le symptôme d'un problème plus important. Et une fois le diagnostic établi, il pourra prescrire un traitement médicamenteux ou suggérer des modifications de votre mode de vie

ALLÉGER LE MAL À LA TÊTE

Le cataplasme

• Appliquez sur les tempes des tranches de citron.

• Appliquez sur le front et les tempes une compresse imbibée d'eau froide sur laquelle vous aurez versé quelques gouttes d'huile essentielle de menthe poivrée.

• Appliquez sur le front un cataplasme composé de 2 oignons hachés enfermés dans un linge.

• Appliquez sur le front et les tempes un cataplasme d'argile froid, puis 1 heure plus tard un cataplasme d'argile chaud (réchauffé uniquement dans un bol, sur un radiateur ou une source de chaleur. Il ne faut pas faire cuire l'argile.). Dès que l'argile devient dure et sèche, renouvelez le cataplasme.

LA RECETTE DU CATAPLASME D'ARGILE

Versez de l'argile sèche dans un bol, et diluez-la dans de l'eau. Laissez-la reposer pendant au moins 1 heure, protégée par un linge. À l'aide d'une spatule en bois, placez une petite quantité d'argile (si la pâte est trop compacte, ajoutez de l'eau, si elle est trop liquide, un peu d'argile) soit dans un linge en fibres naturelles, soit dans une feuille de chou, sur une épaisseur d'environ 2 cm.

ATTENTION

En cas d'apparition brutale de céphalées, d'une nuque raide au point que la flexion de la tête vers l'avant soit très douloureuse, voire impossible, de courbatures, d'une forte fièvre, de nausées et de vomissements, n'attendez pas ! Consultez au plus vite : il peut s'agir d'une méningite.

Le massage
Mélangez 10 cl d'huile végétale, 50 gouttes d'huile essentielle de lavande et 30 gouttes d'huile essentielle de menthe. Utilisez cette solution pour vous masser les tempes, la nuque et le front.

L'infusion de lavande
Cette infusion est recommandée pour soulager migraines et vertiges. Buvez-en trois tasses par jour, entre les repas.
Versez 1 cuillerée à thé de fleurs de lavande dans une tasse d'eau bouillante, laissez infuser pendant 10 minutes.

La respiration dans un sac en papier
Asseyez-vous et respirez lentement et régulièrement dans un sac en papier en tenant le sac autour de la bouche et du nez (pas trop serré) pour laisser occasionnellement entrer un peu d'air frais. La migraine

commence par une réduction de la quantité de sang qui monte au cerveau. Le fait de respirer dans un sac en papier (jamais en plastique) augmente le taux de gaz carbonique dans le sang dans les vaisseaux sanguins. Cette solution peut soulager certaines personnes mais n'être d'aucune utilité pour d'autres. Si, en soufflant dans le sac, vous ne ressentez aucune amélioration, n'insistez pas.

Les cheveux

Les cheveux normaux
Aucun problème avec ce genre de cheveux ! Ils sont souples, doux, brillants et surtout faciles à coiffer. N'importe quel shampoing leur convient à condition qu'il ne soit pas trop concentré.

Les cheveux secs
Ils sont déshydratés, poreux, cassants, manquent d'éclat et ont l'aspect de la paille. Soit les glandes sébacées ne jouent pas leur rôle nourricier, soit ils ont été fragilisés par les colorations, les permanentes ou l'abus du séchoir.
Massez votre cuir chevelu, cela dopera la circulation sanguine, et donc les glandes sébacées, et lavez vos cheveux avec des shampoings spécifiques. Ceux à base de fibres de soie leur feront le plus grand bien. Nourrissez-les ensuite, après chaque lavage, avec un baume ou un après-shampoing. Les brushings, les rouleaux chauffants et le fer à friser sont à bannir.

Les cheveux gras
Un excès de sébum les a rendus graisseux et collants « en paquets ». Lavez vos cheveux aussi souvent que nécessaire à condition de bien appliquer un shampoing au PH neutre à usage fréquent, bien dilué, sur les cheveux mouillés. Lavez-les rapidement en évitant un massage du cuir chevelu trop insistant qui risquerait de l'agresser et donc d'aggraver le problème des glandes sébacées. En revanche, prenez tout le temps de rincer soigneusement le shampoing afin d'éviter le moindre résidu. Alternez une fois sur deux avec un shampoing spécifique pour cheveux gras.

Soignez-les aussi à l'aide d'un masque à l'argile, qui absorbera les excès de sébum. Ajoutez à l'eau de rinçage le jus d'un demi-citron ou un peu de vinaigre de cidre additionné de quelques gouttes d'huile essentielle (pour parfumer). Brossez-les énergiquement tous les soirs, avec une brosse en soie de porc qui absorbera le sébum. Le brushing n'est pas interdit s'il est fait avec un séchoir pas trop chaud. Le port de chapeaux, en revanche, est à éviter, car il favorise la transpiration du cuir chevelu.

RÉGULARISER L'EXCÈS DE SÉCRÉTION DE SÉBUM

ASTUCES

L'argile verte
Appliquez sur le cuir chevelu, en évitant les pointes, de l'argile verte prête à l'emploi que vous trouverez en tube dans le commerce. Massez en douceur, puis rincez. Terminez le rinçage avec de l'eau citronnée ou vinaigrée.

Le rhassoul
Terre argileuse naturelle, le rhassoul est une poudre idéale pour soigner les cheveux gras. Elle s'utilise soit en shampoing, soit en masque, plus ou moins diluée dans un peu d'eau chaude. En masque, la durée de pose, sous serviette, conseillée est d'un quart d'heure.

Le henné
Coloré, il donne des reflets cuivrés ou roux flamboyants suivant le temps de pose. Mais ce n'est pas qu'une teinture, neutre (non colorant), c'est un excellent fortifiant qui redonne du volume aux cheveux gras ou ternes. Vendu en poudre, il doit être dilué dans un peu d'eau jusqu'à obtention d'une pâte un peu liquide, appliquée ensuite mèche par mèche, à l'aide d'un pinceau. La durée de pose, sous serviette, peut aller jusqu'à 3 jours consécutifs, mais 1 heure suffit !

Les cheveux gras aux racines et secs sur les longueurs et les pointes

En raison d'une altération de la kératine, le sébum stagne au niveau du cuir chevelu et ne glisse pas le long de la tige capillaire. Il s'agit de cheveux soit permanentés, soit colorés ou méchés, rarement de cheveux malades. Quelle qu'en soit la raison, il faut traiter les racines avec un masque à l'argile et enduire les pointes avec une crème nourrissante ou revitalisante.

Un shampoing spécifique bien dilué et un massage léger et rapide, du bout des doigts, en pincements, qui facilitera l'évacuation de l'excès de sébum vers le long des tiges capillaires, sont recommandés. Le brushing, s'il est fait avec un séchoir pas trop chaud, est toléré. Évitez les peignes à dents trop serrées : ils favorisent la propagation du sébum sur les longueurs.

LE TABAC : UN POISON POUR LES CHEVEUX

Une cigarette contient plus de 2 500 produits chimiques. Comment ces produits n'auraient-ils pas de conséquences sur les cheveux, si perméables à ce que nous ingérons et à l'air ambiant ?

Remédier aux problèmes posés par les cheveux

Les cheveux électriques

L'idéal est de se peigner en se massant doucement la tête, avec les mains, les doigts mouillés d'eau froide. Bannissez le brushing et les peignes ou les brosses en plastique, et préférez les peignes en fer ou les brosses en soie de sanglier. Et si vraiment vous n'arrivez pas à discipliner des cheveux survoltés par l'électricité statique, coiffez-vous avec une brosse vaporisée de laque.

Les cheveux anémiés

Ils sont tristes, ternes, maigres et cassants ? Redonnez-leur de la vigueur avec cette préparation : ajoutez quelques gouttes d'huile de ricin plus quelques gouttes d'huile d'amande douce à votre après-shampoing. Versez ce mélange sur la tête en insistant sur les pointes, et massez-les. Laissez agir pendant au moins 20 minutes en enveloppant votre chevelure dans une serviette, puis procédez au shampoing.

Vous pouvez également enduire et masser les pointes de beurre de karité, fondu préalablement dans un bol, soit sur un radiateur, soit quelques secondes au micro-ondes. Enveloppez votre tête dans une serviette, laissez agir pendant au moins une demi-heure puis procédez au shampoing.

LUTTER CONTRE LES CHEVEUX TERNES ET ANÉMIÉS

• Mélangez 1 verre de bière, 1 cuillerée à soupe d'huile de jojoba et 1 jaune d'œuf. Appliquez cette préparation sur vos cheveux à l'aide d'un pinceau. Laissez agir pendant 1 heure au moins, puis rincez. Terminez en faisant un léger shampoing.

• Mélangez 1 cuillerée à thé de miel avec 1 jaune d'œuf. Appliquez sur les cheveux secs, puis massez. Enveloppez votre tête dans une serviette chaude, laissez agir pendant au moins une demi-heure, puis procédez au shampoing.

• Mélangez 4 cuillerées à soupe d'huile d'olive, 1 jaune d'œuf, 4 cuillerées à café de yaourt nature et un peu de jus de citron.
Appliquez sur les cheveux, enveloppez votre tête dans une serviette pendant toute une nuit. Au matin, procédez au shampoing.

• Mélangez 1 œuf entier à 1 yaourt nature. Appliquez la préparation sur les cheveux, laissez agir pendant une demi-heure, puis rincez.

Les pointes fourchues

Versez dans un bol 12,5 cl d'huile d'olive, 3 cuillerées à soupe de miel, 2 gouttes d'essence de romarin et 2 cuillerées à café de vinaigre de cidre. Mélangez bien. Répartissez cette préparation sur les longueurs en insistant sur les pointes, nourrissez-les bien. Enveloppez votre tête dans une serviette chaude, et laissez agir pendant au moins une demi-heure. Rincez une première fois avec de l'eau additionnée de vinaigre, une deuxième fois longuement à l'eau tiède, puis à l'eau froide.

Attention à l'huile d'olive, ne vous en versez pas des litres sur la tête. On la dit très nourrissante, certes, mais des cheveux enduits d'huile d'olive sont quasi impossibles à rincer !
Autre recommandation : évitez de couper sans cesse les pointes des cheveux fourchus en pensant qu'ils repousseront mieux ! Cela n'aura aucune influence sur la pousse, qui se situe au niveau du cuir chevelu.
Une coupe, environ tous les trimestres, suffit.

Les cheveux trop plats

Remédiez à ce problème grâce aux shampoings « volumateurs », aux mousses coiffantes… et à la pose de rouleaux « scratch » qui donnent du gonflant.

Si vous vous servez d'un séchoir, lors du brushing, séchez vos cheveux la tête en avant afin de décoller les racines.

Les après-shampoings à base de protéines de blé et d'avoine, les masques gainants et les mousses les rendent plus denses et plus épais.

Les mousses

Pour créer des boucles, pour donner du volume à la chevelure, les mousses sont indispensables. Secouez le flacon, versez dans le creux de la main une quantité de la taille d'une mandarine, puis appliquez sur la chevelure humide.

Formez des boucles ou décollez les racines avec les doigts. L'air chaud (pas trop quand même) du séchoir fixera le produit.

Les gels

Le gel est une gelée coiffante qui fixe, structure et sculpte la coiffure. Versez une noisette dans la main, appliquez sur la mèche, travaillez-la, et instantanément elle séchera en prenant la forme et le sens que vous désirez.

ASTUCES

REMPLACER LA LAQUE

Vaporisez de la bière sur vos cheveux, c'est un excellent fixateur, et n'ayez aucune inquiétude : en séchant, l'odeur disparaît !

Les cheveux crépus

Ils sont mal lubrifiés par le sébum, donc très secs et difficiles à démêler. Hélas, pour les laver il faut d'abord les démêler ! Mais pas question de souffrir ! L'idéal est d'appliquer un gel démêlant ou de vaporiser un produit à base de lanoline, qui aidera à éliminer les nœuds. Passez en douceur, centimètre par centimètre, des pointes vers la racine et non pas le contraire, un peigne aux dents très larges, en effectuant quatre à six séparations. Les nœuds éliminés, shampouinez avec un produit spécifique. Tout autre shampoing, même ceux pour cheveux secs, risquerait d'éliminer le sébum, qui manque déjà dangereusement. Rincez soigneusement, puis, du cuir chevelu jusqu'aux pointes, mèche après mèche, appliquez du beurre de karité, de l'huile de jojoba ou de carapate. Ces produits graissent et assouplissent les cheveux crépus. Laissez agir pendant au moins 1 heure, ou toute une nuit si vous le pouvez.

NOURRIR LES CHEVEUX CRÉPUS, ARCHISECS

L'huile de carapate
Souveraine pour nourrir les cheveux crépus, l'huile de carapate, qui a pour base l'huile de ricin vierge, possède des propriétés lubrifiantes et revitalisantes. Appliquez-la sur la chevelure humide. Laissez agir pendant au moins 1 heure, en enveloppant la tête dans une serviette chaude, puis lavez.

Le bain d'huile
Mélangez dans un bol 1 petit verre d'huile de coco, 1 cuillerée à thé d'huile de carotte et 1 cuillerée à thé de germe de blé, et faites tiédir pendant quelques secondes au micro-ondes. Appliquez sur la chevelure humide. Laissez agir un quart d'heure, puis lavez.

Les cheveux lisses mais trop épais

Ce sont de magnifiques cheveux. Si vous désirez les aplatir, enduisez-les, cheveux mouillés, de gel, puis formez des boucles.
Un coiffeur, en coupant, en effilant, peut désépaissir cette chevelure.

LES CHEVEUX ET LE CASQUE DE MOTO OU DE VÉLO

Si vous roulez en deux-roues, surtout en ville, il est recommandé de porter un casque intégral. Le problème est que ce casque graisse les cheveux. Évitez ce problème en saupoudrant légèrement l'intérieur du casque de shampoing sec ou portez une cagoule, ou encore garnissez le casque d'une corolle en papier tissé.

CONSERVER DE BELLES BOUCLES

Au réveil, vaporisez sur vos cheveux un jet de brumisateur d'eau minérale ! Vos boucles se regonfleront et se replaceront parfaitement.

Vous pouvez aussi baisser la tête, puis, avec les doigts, délicatement et par en dessous, reformer les boucles.

Bien se laver les cheveux

Démêlez vos cheveux avec douceur à l'aide d'un peigne. Mouillez abondamment la chevelure, en insistant bien sur le sommet du crâne, avant de répartir le shampoing. L'eau doit être tiède, une eau trop chaude risquerait d'abîmer les pointes. Ne videz pas la bouteille de shampoing : une noisette suffit, que vous diluez dans vos mains, les shampoings sont en effet souvent trop décapants pour le cuir chevelu.

Massez du bout des doigts, du front jusqu'à la nuque, en prenant soin de bien répartir le shampoing. Procédez avec douceur, pour ne pas endommager les écailles des cheveux.

Rincez, puis recommencez l'opération, sauf si vous vous lavez les cheveux chaque jour. Là, il ne sera pas nécessaire de procéder à deux shampoings consécutifs, un seul suffira. Prenez le temps de bien rincer vos cheveux. Le rinçage est primordial, utilisez abondamment de l'eau tiède afin d'éliminer soigneusement les résidus de shampoing. Mal rincés, vos cheveux risqueraient de devenir ternes, lourds et plus difficiles à coiffer. Comme ils seront un peu collants, ils se saliront plus vite, car la poussière s'accrochera plus facilement.

Si vous vous lavez les cheveux en même temps que vous prenez un bain, n'utilisez pas l'eau dans laquelle vous mijotez pour rincer vos cheveux. Ils méritent une eau propre. Utilisez la douchette.

Finissez le rinçage par de l'eau froide, mais pas glacée, ce qui redonnera à votre chevelure un aspect lisse et brillant.

Les perfectionnistes, les raffinés, ajouteront dans l'eau de rinçage quelques gouttes de citron ou de vinaigre, qui neutralisent le calcaire.

L'idée qu'une chevelure de garçon ou de fille puisse être traitée différemment, avec un shampoing spécifique, est une conception nouvelle uniquement à visée marketing. Un cheveu est un cheveu ! La seule chose qui est à prendre en compte est sa qualité, par exemple : gras, sec ou coloré.

La fréquence des shampoings

La cadence idéale est deux fois par semaine, jamais moins, mais vous pouvez aller jusqu'à trois ou quatre, s'il fait chaud ou suivant le degré de pollution de la ville où vous habitez.

DONNER PLUS DE VOLUME AUX CHEVEUX GRÂCE AU LAIT D'AVOINE

Laissez macérer pendant une demi-heure dans un bol plein d'eau 2 cuillerées à thé de flocons d'avoine. Ensuite, passez le tout dans un linge fin, en pressant un peu, mais pas trop. Récupérez le liquide (le lait) dans un bol. Appliquez ce lait sur les pointes, puis sur toute la chevelure (propre).Rincez soigneusement.

Laver les cheveux de bébé

Un shampoing quotidien n'est pas forcément utile. Tous les deux jours, cela suffit, à condition de passer quotidiennement un gant humide puis une brosse douce et souple sur le crâne de bébé, ce qui éliminera les éventuelles croûtes de lait. Les croûtes de lait, courantes les premiers mois, sont générées par une trop grande sécrétion de sébum.

La position de bébé lors du shampoing est importante. Il doit se sentir en sécurité. Allongez-le sur votre bras, la tête au-dessus d'un lavabo ou d'une bassine, mouillez sa tête en douceur avec votre autre main puis versez une petite noisette de shampoing (pour bébé), et frottez par mouvements concentriques, même sur la partie molle de son crâne. N'appuyez pas trop, mais rassurez-vous, la fontanelle est solide et ne craint rien. S'il pleure, parlez-lui, embrassez-le et détournez son attention.

❀ Le shampoing et l'après-shampoing

Un bon ou un mauvais shampoing, ça n'existe pas. Mais évidemment, il n'est pas conseillé d'utiliser un shampoing pour cheveux gras si vous les avez secs. Si possible, utilisez deux shampoings en alternance, un lavant, l'autre traitant. Pensez aussi à changer régulièrement de marque de shampoing. Les professionnels l'ont constaté : les cheveux deviennent plus propres et plus brillants si, de temps en temps, un shampoing d'une autre marque est utilisé. L'utilisation quotidienne d'un shampoing à usage fréquent n'est pas recommandée. Les cheveux risqueraient de devenir ternes et de graisser rapidement.

ASTUCES

SHAMPOINGS ÉCOLOGIQUES ET NATURELS

Les cheveux secs
Mélangez dans un bol 1 yaourt avec 1 œuf entier. Versez sur les cheveux. Massez. Laissez agir. Rincez.

Les cheveux gras
Jetez 4 citrons coupés en quatre et une vingtaine de clous de girofle dans 1 litre d'eau. Portez à ébullition une dizaine de minutes, le temps que les citrons soient réduits en bouillie. Filtrez et laissez refroidir. Versez sur les cheveux, massez. Laissez agir avant de rincer.

Les cheveux ternes
Jetez 30 g de bois de Panama dans 1 litre d'eau. Portez à ébullition pendant une dizaine de minutes. Avant de filtrer, laissez refroidir. Versez sur les cheveux et massez. Laissez agir avant de rincer.

Choisir son après-shampoing

Il n'est pas utile de le choisir dans la même gamme que son shampoing, mais seulement en fonction de la qualité de ses cheveux. Un après-shampoing pour cheveux gras est plus léger qu'un après-shampoing pour cheveux secs, qui doit être plus nourrissant.

L'APRÈS-SHAMPOING ÉCOLOGIQUE ET NATUREL

Cheveux abîmés
Versez dans un bol 1 jaune d'œuf, et battez-le. Ajoutez un filet d'huile vierge, continuez à battre tout en ajoutant de l'eau tiède.
Versez sur les cheveux. Laissez agir un quart d'heure, puis rincez.

Le shampoing sec

Si vos cheveux sont gras et sans volume et si vous n'avez pas le temps de les mouiller et de les sécher, le shampoing sec est la solution. Il absorbera l'excès de sébum.
Attention ! N'en couvrez pas toute votre chevelure, vous risqueriez d'avoir les cheveux ternes et blancs. Saupoudrez seulement les racines, massez doucement pour faire pénétrer, puis brossez énergiquement, tête en bas, jusqu'à disparition complète de la poudre.

LE SHAMPOING SEC MAISON

Le talc ou la fécule de maïs peuvent remplacer le shampoing sec. Versez-en dans vos mains, puis massez le cuir chevelu.

Quelques conseils pour brosser et sécher ses cheveux

Si vous le pouvez, oubliez de temps en temps le séchoir ! Laissez sécher vos cheveux à l'air libre ! Ils ne se porteront que mieux.

Mais si le brushing est indispensable, enduisez préalablement vos cheveux d'une noisette de crème hydratante pour le visage non grasse, l'air chaud les abîmera moins.

CHEVEUX SURVOLTÉS ?

Si vos cheveux se dressent sur la tête, disciplinez-les en vaporisant simplement un peu de laque sur votre peigne ou votre brosse.

Le brossage des cheveux est une opération très utile car il débarrasse la chevelure des poussières et des cheveux morts, favorise sa vitalité en l'aérant, dynamise le cuir chevelu et augmente l'irrigation sanguine.
Il faut l'effectuer deux fois par jour, le matin au réveil et le soir au coucher, pendant au moins 1 minute.

Évitez les brosses en métal, qui cassent le cheveu et égratignent le cuir chevelu !

Évitez également les brosses en plastique, qui arrachent les cheveux et provoquent la formation d'électricité statique. Préférez les brosses en poils de sanglier ou de porc !

Si vous avez les cheveux mixtes, c'est-à-dire gras à la racine et secs aux pointes, évitez de les sécher avec un séchoir trop chaud.

Après chaque bain de mer, pensez à rincer vos cheveux à l'eau douce.

Quelques conseils pour modifier l'aspect de sa chevelure

Le défrisage

L'utilisation de produit de défrisage chez soi doit être conduite avec la plus grande prudence. La pratique et l'œil vigilant d'un coiffeur spécialisé sont conseillés. Mais il faut le savoir, certains spécialistes utilisent des produits chimiques très agressifs qui risquent de brûler les cheveux. Il est préférable de bien se renseigner avant.

Quelques recommandations avant de pratiquer le défrisage
• Ne le pratiquez pas sur des cheveux colorés ou avec des mèches.
• Au risque de devenir chauve, il est absolument interdit si le défrisage doit être effectué le même jour que la coloration. Un délai de trois semaines au minimum est recommandé
• Ne le pratiquez pas sur cheveux fraîchement lavés, mais laisser passer une semaine
• Ne le pratiquez pas sur des cheveux enduits d'un quelconque produit.
• Ne mouillez pas les cheveux la veille ou le jour même.
• Ne portez rien sur la tête, ni barrettes, ni chapeau, ni élastiques, pendant au moins 48 heures avant.

La permanente
La permanente est un produit technique qui est censé, si elle est correctement posée, donner du volume aux cheveux avec des boucles.
Elle n'est pas recommandée sur des cheveux colorés ou avec des mèches, et encore moins sur des cheveux en mauvais état, et doit être adaptée à la spécificité des cheveux.

Ce n'est pas un produit sans danger, elle peut abîmer les cheveux et irriter le cuir chevelu. Il est donc recommandé de la faire effectuer par un coiffeur qui en a l'habitude.

Quand vos cheveux seront permanentés, utilisez des soins spécifiques, qui donneront du ressort à votre coiffure.

ASTUCES

SUPPRIMER NATURELLEMENT UNE PERMANENTE

La permanente est ratée ou ne vous plaît pas ? Enduisez vos cheveux de mayonnaise en pot. Laissez agir 20 minutes comme un masque, la tête entourée d'une serviette. Lavez, rincez puis séchez.
Recommencez si besoin est.

La minivague

La minivague est une permanente plus douce. Elle convient aux cheveux fins et plats, à qui elle donne un peu de volume. Les précautions à prendre sont celles données pour la permanente.

LES CHEVEUX ET LA PISCINE

• *Avant de vous baigner dans une piscine, appliquez un baume revitalisant sur vos cheveux et mettez un bonnet de bain.*

• *Vos cheveux décolorés ne vireront plus au vert, si après le bain, vous les rincez avec 1 verre d'eau additionnée d'un comprimé d'aspirine effervescente.*

La coloration

LES TACHES DE COLORATION SUR LA PEAU

Frottez la peau avec un linge à peine humide saupoudré de cendre (froide) de cigarette.

La coloration permanente ou la coloration d'oxydation
Elle a l'avantage de couvrir les cheveux blancs. Elle a le défaut, parce qu'elle agit au cœur du cheveu, de l'agresser.

La coloration ton sur ton ou semi-permanente
Moins agressive, elle n'éclaircit pas le cheveu mais lui donne des reflets. Elle a peu d'effet sur les cheveux blancs.

La coloration temporaire
Comme son nom l'indique, elle ne dure pas longtemps, et s'efface même au premier shampoing.

DONNER DE BEAUX REFLETS AUX CHEVEUX

Les reflets blonds
Faites bouillir 2 belles poignées de fleurs de camomille dans 1 litre d'eau.
Filtrez, puis appliquez cette solution sur les cheveux. Laissez agir pendant
au moins 20 minutes.

Les reflets bruns
Versez le contenu de 2 tasses de café (froid) sur votre chevelure et
peignez-vous. Laissez agir pendant au moins 20 minutes.

Vous pouvez aussi faire bouillir 100 g de feuilles de noyer dans 1 litre
d'eau. Filtrez, puis appliquez cette solution sur vos cheveux et massez
délicatement. Vous pouvez utiliser cette solution comme shampoing.

Les reflets mordorés
Faites infuser un thé noir. Laissez refroidir et appliquez cette solution sur
vos cheveux.

ÉVITER QUE LES CHEVEUX BLANCS NE JAUNISSENT

Après le shampoing, rincez-les avec une infusion d'aubépine.

Les colorations effectuées à la maison

Le procédé est sans danger car le dosage est préparé dans les boîtes, il
ne reste plus qu'à suivre les indications et à respecter le temps de pose
conseillé.
Pour plus de prudence pratiquez tout de même, avant la première coloration, un test d'allergie 24 heures avant, en versant une goutte du produit au creux de votre poignet.

N'oubliez pas d'enfiler des gants. Enduisez le pourtour de votre visage,
les oreilles et le cou d'un peu de crème : cela vous évitera d'avoir des
taches de teinture sur la peau.
La coloration achevée, vous n'aurez qu'à passer un coton sur la crème :
le produit partira avec la crème.

ASTUCES

LA COLORATION DES CHEVEUX À LA MAISON

• évitez de procéder à une coloration après l'application de henné, le mélange des deux produits pourrait être néfaste aux cheveux ;

• n'appliquez pas de masque ou d'après-shampoing la veille ou le jour de la coloration, sinon les pigments agiraient avec plus de difficulté sur les cheveux ;

• testez le produit, par petites touches, près de l'oreille, afin de vérifier que vous n'y êtes pas allergique ;

• Lors de la pose du produit, portez des gants ;

• faites attention à vos yeux ! Si du produit vous éclabousse l'œil, rincez-le immédiatement, sous un faible jet d'eau tiède, pendant 10 minutes, en soulevant délicatement la paupière ;

• n'utilisez les produits de coloration que sur les cheveux ;

• respectez scrupuleusement les conseils et les recommandations des fabricants ;

• rangez ces produits hors de portée des enfants ;

• ne mélangez pas un produit de coloration avec tout autre produit ;

• si le produit est renversé, épongez-le et ne vous en resservez pas ;

• au risque de ternir la couleur qui vient d'être posée : attendez 24 heures pour vous laver les cheveux ;

• adoptez des shampoings spécifiques ! Les shampoings pour cheveux colorés prolongent et préservent la coloration.

Et enfin, sachez-le, la chaleur du sèche-cheveux n'améliore pas la coloration.

Les implants, les extensions, les rajouts : une vraie révolution !

Les implants

Que l'alopécie soit causée par des problèmes hormonaux, accidentels, psychologiques ou congénitaux, aujourd'hui, s'ils le désirent, la plupart des hommes et des femmes ont la possibilité de retrouver leur chevelure grâce à la technique de la transplantation capillaire.

Il s'agit d'une intervention effectuée sous anesthésie locale. Lors de cette intervention, le chirurgien, aidé par plusieurs assistants, prélève dans la zone du cuir chevelu épargnée par la calvitie des centaines de greffons et les réimplante dans la zone dégarnie.

Après l'implantation, au bout de deux ou trois mois, les cheveux commencent à repousser. Ensuite, ils se développeront normalement et deviendront aussi résistants que les cheveux de la couronne. Ils pourront être coupés, gonflés au séchoir, et même colorés.

ATTENTION AUX CHARLATANS !

Chaque cas est particulier. Seul un médecin ayant une compétence reconnue dans le domaine des traitements médicaux et des techniques de microgreffe capillaire pourra vous dire si une intervention est réalisable. Et seul ce spécialiste pourra pratiquer cette intervention.

Sous peine de rejets et d'infections, l'implantation de cheveux artificiels est à proscrire absolument.

Les extensions

Vous avez les cheveux courts, mais vous les voulez longs ? Les extensions peuvent être une solution. Ce sont de vrais cheveux, qui, ajoutés aux vôtres, vous donneront en l'espace de 3 à 5 heures (le temps de pose) une chevelure magnifique pendant plusieurs semaines, voire plusieurs mois.

Un coiffeur spécialisé les fixera à l'aide de kératine, mèche par mèche, tout près de la racine de vos propres cheveux.

Si le résultat est superbe, l'extension pose certains problèmes. Elle n'est pas bon marché, risque de créer des nœuds à la racine de vos vrais cheveux, de les abîmer, de provoquer des démangeaisons sur le cuir chevelu, de vous donner la migraine ou de vous empêcher de dormir le temps que vous vous y habituiez.

La dépose, au bout de un à quatre mois, est un peu douloureuse. En revanche, se laver les cheveux ne pose aucun problème, il est seulement recommandé de se positionner la tête bien en arrière.

Les rajouts avec clips

Ce sont des extensions de cheveux naturels colorés ou non, plus ou moins larges, plus ou moins longues, que l'on fixe soi-même, pour la journée ou la soirée, à l'aide d'un système de fixation invisible.

En quelques secondes, une chevelure courte et maigre devient somptueuse ou très originale.

Faut-il faire attention à la lune avant d'aller chez le coiffeur ? Il paraît que les cheveux repoussent plus vite si on les coupe durant une lune descendante, mais plus épais lors d'une lune croissante.

L'entretien des nattes ou des dreadlocks

Certaines personnes gardent leurs dreadlocks pendant des années...
L'un des intérêts de ce genre de coiffure est de ne plus avoir besoin de se coiffer. Mais ne plus se coiffer ne veut pas dire devenir sale. Si vous ne vous lavez pas la tête, vous risqueriez de sentir mauvais et d'être infesté de parasites.

Que vos dreadlocks soient comme des baguettes ou comme de gros boudins crêpés tombant jusqu'en bas du dos, lavez-vous la tête normalement, au moins deux fois par semaine, en utilisant un shampoing doux, qui ne laissera pas de résidus sur le cuir chevelu. Les résidus peuvent provoquer des irritations importantes.

À l'aide d'une éponge, répartissez sur les dreadlocks la mousse du shampoing. Laissez agir. Ensuite, serrez-les entre vos mains pour en extraire le produit. Rincez puis essorez à nouveau, en procédant comme la première fois, en les serrant dans vos mains. Enveloppez votre tête dans une serviette sèche, gardez-la pendant environ 10 minutes, puis, à l'aide

d'un sèche-cheveux (pas trop chaud), finissez le séchage.
Une fois sur deux, nourrissez le cuir chevelu avec une crème à base de lanoline. Huiler ses dreads n'est pas utile.

✿ Les perruques

N'achetez pas une perruque sans l'essayer. Toutes ne sont pas faites de la même façon. L'esthétique n'est pas que le seul critère de choix, certaines marques créent des perruques qui s'adapteront mieux à votre crâne que d'autres. Aussi, toutes ne sont pas au même prix. Les perruques qui sont faites avec des cheveux naturels sont plus onéreuses que les autres, mais elles sont plus légères aussi.

Une perruque mérite un entretien soigneux. Avant de la laver, il est conseillé de la brosser pour éliminer toutes les poussières.
Lavez une perruque dans de l'eau additionnée de shampoing doux, comme celui qu'on utilise pour les cheveux d'un bébé.

Le lavage de la perruque doit s'effectuer dans une cuvette remplie d'eau froide. Tout d'abord, versez le shampoing dans l'eau. Quand l'eau est devenue mousseuse, commencez par y tremper une éponge et frottez-en l'intérieur de la perruque. Ensuite, immergez la perruque et agitez-la doucement dans l'eau savonneuse. Rincez la perruque, puis posez-la sur une serviette. Ne la tordez surtout pas pour l'essorer, mais séchez-la une première fois rapidement au séchoir. Placez-la sur un porte-perruque et coiffez-la lorsqu'elle est encore humide. Séchez-la à nouveau. Si vous n'avez pas l'occasion de vous servir de la perruque avant longtemps, protégez-la de la poussière en l'entourant, sur son porte-perruque, d'un foulard.

Si votre perruque vous irrite le crâne, si vous ressentez des démangeaisons qui ne vous laissent aucun repos, n'insistez pas, évitez de la porter pendant quelque temps.

Chez vous, laissez votre crâne respirer à l'air libre. Dehors, remplacez-la par un foulard, un bonnet ou des turbans.

ATTENTION

L'entretien des accessoires pour cheveux

À quoi sert-il d'avoir des cheveux propres et en bonne santé, si vous devez utiliser des accessoires douteux ? Il faut absolument les nettoyer régulièrement, surtout si vous avez les cheveux gras ou des pellicules.

Les brosses

Une fois par mois au moins, immergez-les une dizaine de minutes dans de l'eau tiède additionnée d'ammoniaque (1 litre d'eau pour 1 cuillerée à soupe d'ammoniaque).

LA BROSSE À CHEVEUX

Les poils de votre brosse retrouveront toute leur vigueur si vous plongez la brosse dans de l'eau légèrement vinaigrée. N'oubliez pas de la sécher.

Les peignes en plastique

Pas la peine de s'énerver à les nettoyer, ils seront impeccables si vous les placez dans le lave-vaisselle !

Les peignes en corne

Nettoyez-les avec une brosse imbibée d'eau additionnée d'ammoniaque (1 cuillerée à café d'ammoniaque pour 1 litre).

Les peignes en écaille

Frottez-les avec un linge imbibé d'huile d'olive. Sur l'écaille, l'eau est à éviter.

Les barrettes et serre-tête

Si vous les portez souvent, toutes les semaines, passez dessus un linge imbibé d'alcool à brûler.

Les fers à friser

Débranchez le fer à friser, laissez-le refroidir, puis nettoyez-le en passant dessus un linge imbibé d'alcool à 90°.

Le cuir chevelu

Le cuir chevelu irrité

Un cuir chevelu irrité, qui démange, est un cuir chevelu trop sec.
Évitez l'eau chaude ou l'air chaud du sèche-cheveux et n'utilisez que des shampoings hydratants pour cheveux secs.
Certaines personnes calment ces irritations en massant leur tête avec un gel non gras hydratant conçu pour la peau.
Si vraiment vos démangeaisons vous brûlent à vous arracher la peau, si des plaques sèches un peu en relief se détachent comme des pellicules, il peut s'agir d'une maladie. **Il est donc conseillé de consulter un dermatologue.**

LE MASQUE CONTRE LES DÉMANGEAISONS DU CUIR CHEVELU

Mélangez 20 gouttes d'huile essentielle d'arbre à thé à 20 gouttes de jus de citron, 5 cl d'huile de sésame et 1 cuillerée à thé de miel.
Appliquez le mélange à la racine, laissez agir pendant au moins 1 heure en enveloppant les cheveux dans une serviette chaude. Procédez ensuite au shampoing.

LOTION CONTRE L'IRRITATION DU CUIR CHEVELU

Versez 1 cuillerée à café de vinaigre de cidre dans 1 verre d'eau minérale froide. Appliquez la lotion sur les cheveux. Massez délicatement. Laissez agir quelques minutes. Rincez.
N'hésitez pas à recommencer l'opération chaque jour.

Les pellicules

Elles sont dues à la superproduction des cellules à la surface du cuir chevelu. Des shampoings très efficaces existent dans n'importe quelle grande surface. Il faut seulement savoir que les lotions antipelliculaires ont bien plus de résultats, surtout si vous les gardez toute la nuit, après les avoir appliquées le soir.

Pensez à laver et à désinfecter régulièrement les brosses et les peignes afin qu'ils ne se réinfectent pas.

En cas de problèmes persistants, il ne faut pas hésiter à consulter un dermatologue.

CONTRE LES PELLICULES : LE MASSAGE AU SEL !

Stimulez la circulation sanguine du cuir chevelu et éliminez les pellicules en le massant avec une poignée de sel fin marin utilisé pour la cuisine. Procédez à ce massage deux fois par semaine, puis lavez vos cheveux normalement.

CONTRE LES PELLICULES : LE YAOURT

Lavez vos cheveux normalement, puis versez sur votre cuir chevelu un yaourt nature. Massez en douceur. Laissez agir pendant au moins 20 minutes avant de rincer. Recommencez ce traitement après chaque shampoing.

CONTRE LES PELLICULES : LE ROMARIN

Jetez une bonne poignée de feuilles de romarin dans 50 cl d'eau et portez à ébullition. Laissez refroidir, puis versez la lotion sur le cuir chevelu en massant avec délicatesse. Laissez agir pendant une demi-heure au moins avant de rincer.

La perte des cheveux : l'alopécie

Si certains produits fortifiant le cheveu et favorisant sa croissance existent, le produit miracle, qui stoppera la chute de cheveux, n'a toujours pas vu le jour.

Une chevelure est composée de 100 000 à 150 000 cheveux. La pousse (1,5 cm par mois environ) s'accélère à la fin du printemps et en début d'été.

Il est normal d'en perdre entre 50 et 100 par jour.

Si vous en perdez beaucoup plus (que vous soyez un homme ou une femme), c'est qu'il y a un problème. Plusieurs maladies (infectieuses, hormonales, toxiques, cutanées) peuvent en être la cause, de même que certains stress, chocs ou carences.

Il faut absolument consulter un spécialiste dès l'apparition de ce problème.

LOTION FORTIFIANTE POUR CHEVEUX

Faites infuser dans 1 litre d'eau un bouquet de feuilles de basilic. Broyez la préparation au mixeur, laissez refroidir et filtrez. Appliquez sur le cuir chevelu, puis massez énergiquement.

Cette opération est à renouveler toutes les semaines.

Les poux : comment en venir à bout ?

Les poux mesurent de 1,5 à 3 mm de long et vivent de 8 à 10 jours. Les femelles pondent environ 300 œufs dans toute leur vie. C'est plus que suffisant pour empoisonner la nôtre et celle de nos enfants.

Éloignez les poux. Mettez préventivement quelques gouttes d'essence de lavande, de cèdre ou de benjoin dans la chevelure des enfants.

On détecte les poux par la présence de leurs lentes, luisantes, translucides et blanchâtres. Elles s'accrochent à la base des cheveux, autour des oreilles et de la nuque. Avoir des poux n'est pas inoffensif. Une invasion de poux peut provoquer une dermatite du cuir chevelu. Pour s'en débarrasser, il faut rincer une première fois longuement la tête et la chevelure à l'eau très chaude vinaigrée, puis procéder au shampoing, si possible à l'huile d'olive ou de palme.

Attendez au moins un quart d'heure, puis peignez mèche à mèche avec un peigne spécial acheté en pharmacie, trempé dans du vinaigre, puis dans de l'eau très chaude. Rincez et séchez la chevelure au séchoir.

L'opération doit être renouvelée quatre fois par mois.

Il est également possible de traiter la chevelure en la mouillant bien et
en penchant la tête en avant puis, en répartissant sur les cheveux un
après-shampoing. Laissez le produit agir, puis passez le peigne antipoux de l'arrière vers l'avant et d'un côté vers l'autre. Rincez largement
sans essuyer les cheveux. Peignez-les, mais cette fois-ci à l'aide d'un peigne ordinaire. Peignez-les encore, mais avec un peigne antipoux. Séchez
les cheveux au séchoir.

Après chaque passage dans la chevelure, les peignes doivent être nettoyés
à l'aide de feuilles de papier absorbant.

Les brosses, les peignes, les serviettes, le linge et les vêtements mis en
contact avec la chevelure doivent être lavés soigneusement.

LA RECETTE ÉCOLOGIQUE ET NATURELLE D'UN ANTIPOUX

Prenez 1 litre de vinaigre blanc que vous avez laissé mariner avec des
feuilles de lavande pendant un quart d'heure. Versez le vinaigre dans une
bouteille en retirant les feuilles, mais en gardant les graines de lavande.
Laissez le produit en bouteille pendant 8 jours environ.
Faites un shampoing avec cette solution. Laissez agir pendant 15 minutes,
puis rincez. Séchez au séchoir.

Le visage

Prendre soin de son visage

Ne lavez pas votre visage avec du savon, le savon est bien trop décapant. Il dessèche la peau et l'irrite. Utilisez soit un pain dermatologique, soit un gel nettoyant, soit des huiles démaquillantes, ou encore un lait démaquillant suivi d'une lotion. Le démaquillage sert à effacer les traces de maquillage et à éliminer les poussières pouvant obstruer les pores de la peau.

Bien se démaquiller

Émulsionnez le lait démaquillant avec un peu d'eau, minérale si possible, et nettoyez votre visage sans oublier le cou, en effectuant des gestes circulaires du centre du visage vers les oreilles et le cou. Après, délicatement et sans frotter, éliminez le lait, à l'aide d'un coton. Ensuite, versez la lotion sur un autre coton, et appliquez-la sur le visage et sur le cou.

LE LAIT DÉMAQUILLANT AU MIEL

Mélangez dans un bol le contenu de 2 cuillerées à soupe de miel liquide, de 3 cuillerées à soupe de lait de culture biologique et de 3 cuillerées à soupe d'eau minérale.

Afin d'éviter une prolifération de bactéries, changez de gant de toilette tous les jours et de serviettes au moins une fois par semaine.

Les différents produits de démaquillage

Les huiles démaquillantes

Ce sont d'excellents produits, mais ils ne doivent être utilisés que par les personnes qui ont la peau très sèche.

Le lait démaquillant suivi d'une lotion

Le lait nettoie la figure sans la décaper. Il dissout tout en douceur les impuretés de la peau.

La lotion est une eau qui tonifie et traite le visage. À base de fleurs ou de plantes, elle élimine les particules grasses ou les résidus du lait démaquillant et tonifie la peau.

Le gel nettoyant

Le gel nettoie le visage comme le ferait le lait, mais plus en profondeur. Il a une action plus décapante, mais est parfait pour toutes les sortes de peau, et idéal pour ceux qui aiment l'eau.

ASTUCES

UN VISAGE D'UNE PROPRETÉ IMPECCABLE

Serviette sur la tête, penchez-vous sur un bol d'eau bouillante additionnée de 5 gouttes d'huile essentielle de romarin.
Restez ainsi 10 minutes au moins, puis passez sur la peau bien chaude et humide un coton imbibé d'un tonique sans alcool.

Le pain dermatologique

Idéal pour les peaux grasses, qu'il nettoie en profondeur, il a l'avantage d'être doux pour la peau, mais a l'inconvénient de fondre vite et d'être coûteux.

Les différents types de peau

Avant de nettoyer son visage, de le protéger ou de le soigner, il est essentiel de connaître son type de peau. On ne soigne pas une peau sèche de la même manière qu'une peau grasse.

La peau sèche

C'est une peau qui n'est pas suffisamment hydratée. Elle a souvent une belle apparence, mais manque pourtant de souplesse, tire et a tendance à se rider plus tôt que les autres peaux.

Les soins trop agressifs comme les exfoliations et les gommages, cer-

tains masques, les peelings trop fréquents sont à éviter ; ils risquent d'as-
sécher d'avantage la peau. Il est conseillé de protéger une peau sèche du
froid, du soleil, du vent, de la nourrir la nuit avec une crème hydratante
et d'éviter le démaquillage à l'eau et au savon.

HYDRATER SA PEAU

*Percez 2 gélules de vitamine E, appliquez la gelée sur le visage puis,
massez la peau pendant 5 minutes environ pour bien faire pénétrer.
Nettoyez avec un lait démaquillant doux.*

ADOUCIR SA PEAU

*Chauffez une noisette de beurre de karité entre vos mains et appliquez sur
le visage. Massez bien sans oublier les lèvres.*

LE MASQUE POUR PEAU SÈCHE

*Remplissez un bol de flocons d'avoine. Versez 1 cuillerée à thé
d'huile d'amande douce et 4 gouttes d'huile essentielle de rose. Ajoutez
un peu d'eau. Mélangez, puis appliquez sur le visage et laissez agir
pendant 10 minutes. Rincez abondamment à l'eau minérale.*

LA LOTION POUR PEAU SÈCHE

*Jetez, à ébullition, dans une casserole remplie de 50 cl d'eau minérale, des
feuilles et des bourgeons de mélisse. Laissez infuser pendant un quart
d'heure. Filtrez et laissez refroidir. Utilisez comme une lotion démaquillante.*

La peau grasse

C'est une peau épaisse, brillante, surtout au niveau du nez, du front
et du menton. Souvent brusquée par des expositions au froid ou au soleil
ou des lavages fréquents, pour se protéger, elle surproduit du sébum.
Les pores trop dilatés de la peau grasse ont tendance à se refermer
sur la poussière et à s'enkyster, ce qui peut produire des points noirs
et des boutons.

Ce type de peau nécessite donc des soins très doux et un nettoyage au pain dermatologique moussant qui débarrassera la peau de toute impureté.

L'idéal est de lui donner un aspect plus mat, tout en la protégeant des agressions.

LES LOTIONS POUR PEAU GRASSE

La lotion à la rose et à l'orange
Mélangez un peu d'eau de rose avec un peu de jus d'orange. Utilisez comme une lotion démaquillante.

La lotion au concombre
Épluchez un concombre, mettez-le dans une casserole d'eau non salée et faites bouillir. Filtrez, puis versez le liquide dans une bouteille. Laissez refroidir. Gardez au frais afin de vous en resservir. Utilisez comme une lotion démaquillante.

La lotion à la menthe et au lait
Jetez, à ébullition, dans une casserole remplie de 50 cl d'eau minérale, 20 g de feuilles de menthe. Laissez infuser un quart d'heure et filtrez. Ajoutez à l'infusion refroidie 5 cuillerées à thé de lait en poudre. Utilisez comme une lotion démaquillante.

La lotion nettoyante à l'orange et aux clous de girofle
Jetez, à ébullition, dans une casserole remplie de 50 cl d'eau minérale, l'écorce de 1 orange. Laissez infuser pendant 10 minutes et filtrez. Ajoutez à l'infusion refroidie quelques clous de girofle. Utilisez comme une lotion démaquillante.

La lotion au thé
Faites infuser 2 cuillerées à soupe de thé dans 25 cl d'eau bouillante pendant une vingtaine de minutes. Filtrez à l'aide d'une passoire. Ajoutez à ce liquide le jus de 1/2 citron. Utilisez comme une lotion démaquillante.

La peau mixte
La peau mi-grasse mi-sèche est une combinaison des peaux grasses et normales.

La peau normale
C'est une peau lisse, douce et ferme aux pores peu apparents.

EMBELLIR SON TEINT

Boire du jus de carotte ou du vin de gentiane
Faites macérer dans du vin, pendant au moins une semaine, de la racine de gentiane coupée en petits morceaux.

Au saut du lit
• *Chaque matin, basculez votre tête en arrière et ouvrez dix fois grand la bouche. La circulation de votre sang s'améliorera et vous donnera un teint éclatant de santé.*
• *Tous les matins, avant d'étaler votre crème de jour, passez un glaçon sur votre visage. Non seulement le froid va raffermir votre peau, mais votre maquillage tiendra plus longtemps.*
• *Si vous avez une peau grasse, passez sur votre visage un glaçon à la menthe. Jetez des feuilles de menthe fraîche dans une casserole d'eau bouillante. Laissez frémir pendant quelques minutes, puis laissez refroidir. Versez ensuite dans le bac à glaçons du réfrigérateur.*
• *Massez votre visage pour le détendre en posant vos doigts sur les tempes, les mains à plat de chaque côté, puis exercez des mouvements circulaires vers l'avant puis vers l'arrière, en appuyant légèrement. Faites ensuite le même exercice en plaçant vos doigts à la jonction de la mâchoire et des oreilles.*

Soigner sa peau

La crème de jour
L'application d'une crème de jour est nécessaire, surtout en été. Elle a pour but d'éviter la déshydratation due à la pollution, à l'agression des intempéries, au chaud ou au froid, au tabac, au stress et à la maladie, mais aussi

elle peut traiter la peau. Appliquez-la chaque jour par petites touches, sur le visage et le cou préalablement démaquillés, en insistant sur le contour des yeux et de la bouche.

Hydrater sa peau, c'est préserver sa jeunesse !

MAQUILLER UNE PEAU GRASSE

Sur les peaux grasses et luisantes, le maquillage a du mal à tenir.
Avant le maquillage, enduisez le visage d'une base spéciale maquillage au lieu d'une crème de jour. Ne l'appliquez qu'en fine couche, puis pressez un mouchoir en papier sur votre visage.
N'utilisez que du fond de teint à base d'eau et, une fois le maquillage terminé, appliquez de la poudre sur votre visage à l'aide d'un gros pinceau. Si en fin de journée votre maquillage tourne, n'hésitez pas à vous démaquiller puis à vous remaquiller, en suivant ces conseils.

CAMOUFLER UN BOUTON

Si vous avez un bouton, très visible sous votre maquillage, dessinez dessus un grain de beauté à l'aide d'un crayon à sourcils brun foncé.

La crème de nuit

La crème de nuit, réparatrice et adoucissante, a pour but de réparer durant la nuit les agressions subies durant la journée. Elle peut également traiter en profondeur les problèmes tels que la déshydratation, l'acné, les peaux grasses, les peaux sensibles et les rides...
Étalez la crème de nuit sur le visage impérativement démaquillé, en massage circulaire pénétrant.

NE PAS SE RUINER EN CRÈMES !

Les crèmes sont toutes composées de 90 % d'eau, de 9 % de graisses et de 1 % de produits divers, en particulier conservateurs, colorants et parfums,

Les exfoliants et les gommages

Plus actifs que le lait, ces produits, qui s'appliquent en fine couche, ont pour but d'éliminer cellules mortes et impuretés et de stimuler la circulation du sang à la surface de la peau.

Grâce à l'exfoliation, les produits de soins agiront de façon plus performante, la formation des points noirs sera limitée, l'épiderme, stimulé, s'affinera et le teint deviendra éclatant.

Les peaux sèches et sensibles méritent un gommage doux, les peaux grasses un gommage riche en grains. Après l'application du gommage, rincez à grande eau votre visage, séchez-le bien puis étalez un masque hydratant. Procédez au gommage deux fois par semaine pour redonner un éclat maximal à votre visage.

Si votre peau est irritée ou est couverte de boutons ou d'eczéma, avant de procéder à un gommage, demandez conseil à votre dermatologue.

LE GOMMAGE AU SUCRE

Ajoutez du sucre en poudre à votre lait démaquillant. Appliquez sur la peau en massant délicatement du bout des doigts. Rincez abondamment à l'eau minérale.

LE GOMMAGE AU SEL

Mélangez le contenu de 1 cuillerée à soupe d'huile d'olive à 1 cuillerée à café de sel fin. Appliquez sur la peau en massant délicatement du bout des doigts. Rincez abondamment à l'eau minérale.

LE GOMMAGE AU MIEL ET AUX AMANDES

Mélangez le contenu de 1 cuillerée à soupe de miel liquide à 1 cuillerée à soupe d'amandes en poudre. Appliquez sur la peau en massant délicatement du bout des doigts. Rincez abondamment à l'eau minérale.

*Après le gommage, apaisez votre visage en étalant dessus de la **crème fraîche**. Laissez agir 15 minutes.*

*Vous pouvez aussi bien mélanger un **yaourt** additionné de **crème fraîche** et l'étaler sur votre visage. Laissez agir 15 minutes environ.*

Les masques hydratants

Ce sont des masques crémeux que la peau absorbe. Ils agissent spécifiquement sur le visage pour le ressourcer et lui donner un véritable « coup de fouet ».

LE MASQUE RÉGÉNÉRANT

Charnus, doux, sucrés, fermes et moelleux, antioxydants, riches en carotène : les abricots sont souverains pour la peau. Mixez des abricots avec 1 cuillerée à thé de crème fraîche et appliquez en masque sur le visage.

LE MASQUE POUR PEAU SÈCHE

Mélangez 1 sachet de levure à pâtisserie avec 1 jaune d'œuf frais et 1 cuillerée à thé d'huile d'olive. Appliquez cette pâte sur le visage. Gardez pendant 20 minutes. Enlevez à l'eau tiède.

LE MASQUE POUR PEAU GRASSE

Mélangez 1 blanc d'œuf légèrement battu avec quelques gouttes de citron. Appliquez sur le visage en évitant le contour des yeux et rincez 15 minutes plus tard.

LE MASQUE À L'AVOINE

Mélangez 2 cuillerées à soupe de flocons d'avoine avec 1 cuillerée à soupe d'huile d'amande douce, et ajoutez 3 gouttes d'huile essentielle de rose. Appliquez sur le visage et laissez agir pendant 15 minutes environ. Rincez à l'eau tiède.

Les huiles de beauté

Elles s'adressent à tous les types de peau – peau grasse, sensible, dévitalisée – et, comme elles contiennent des principes très actifs, elles ont un effet surprenant. À peine l'huile appliquée, le teint s'illumine.

Appliquez une huile de préférence le matin, à la place de la crème de jour, sur un visage d'une propreté impeccable. Massez le visage du bout des doigts en effectuant de petits mouvements circulaires et en évitant les paupières. Quelques gouttes suffisent. Les huiles s'utilisent seules ou additionnées d'huiles essentielles, qui peuvent renforcer encore le pouvoir de l'huile végétale.

Si vous ajoutez des huiles essentielles (par exemple, de l'huile essentielle de fleurs d'oranger, qui a sur la peau des propriétés adoucissantes, régénérant et tonifiantes), versez aussi le contenu d'une capsule de vitamine E et conservez la préparation dans un petit flacon en verre opaque.

La vitamine E est un conservateur naturel qui possède également un effet antiride. Un petit flacon suffit, car il vous faudra changer souvent de type d'huile afin de ne pas saturer votre peau.

L'huile de tournesol est recommandée pour les **peaux sèches et très sèches**. Très riche en vitamines E et F, nourrissante et adoucissante, elle ne laisse pas de film gras sur la peau car elle est absorbée très rapidement.

L'huile de pépins de raisin convient tout particulièrement **aux peaux grasses**.

L'huile de noisettes est elle aussi recommandée pour les **peaux grasses**. Asséchante, elle régularise l'excès de sébum, resserre les pores et pénètre très bien dans la peau, sans laisser de film gras.

L'huile de noyaux d'abricot est idéale pour les **peaux fatiguées**. Revitalisante, anti-inflammatoire, tonifiante, cicatrisante, nourrissante et adoucissante, elle retarde le vieillissement de la peau.

L'huile d'argan redonne **élasticité et tonus**.
Sur peau démaquillée, massez votre visage avec cette huile miracle, en partant du cou et en remontant vers les oreilles. Laissez la peau absorber l'huile pendant 10 minutes, puis appliquez dessus un mouchoir en papier pour absorber l'excès.

COMBATTRE UN TEINT TERNE

La fumigation au thym
Placez-vous, une serviette sur la tête, au-dessus d'un saladier rempli de 50 cl d'eau bouillante dans laquelle vous aurez jeté une poignée de feuilles de thym. Laissez votre visage s'imprégner des effets de la vapeur. Au bout d'un quart d'heure, le visage encore humide, complétez le traitement en le frottant doucement, du bout des doigts, en mouvements rotatifs, avec 2 poires préalablement réduites en purée, en insistant bien sur le nez et le menton. Rincez abondamment à l'eau minérale.

Les masques coup d'éclat
Appliquez sur le visage pendant une demi-heure l'un de ces deux mélanges :

• *1 carotte mixée, 1 jaune d'œuf, un peu d'huile d'olive et un peu de yaourt nature ou de crème fraîche. Rincez abondamment.*
• *1 bonne cuillerée à soupe de yaourt nature, 1 cuillerée à soupe de levure de bière et quelques gouttes d'huile de germe de blé.*
Rincez avec de l'eau minérale, puis avec une décoction de thym.

Les boissons bonne mine
• *Buvez chaque matin un verre de jus de raisin.*
• *Buvez toute la journée une décoction de thym.*

La salade de fruits et de légumes
Dans un saladier, versez 1 pamplemousse coupé en quartiers, 2 carottes râpées, assaisonnez de 1 cuillerée à thé d'huile d'olive et d'herbes aromatiques.

Les sérums

À base d'eau ou bien d'huile, ils se présentent sous forme d'ampoules. Dedans, bien protégés, sont enfermés des concentrés d'ingrédients actifs, des condensés de substances actives, qui feront merveille seuls ou en complément d'une crème de nuit, pour vous aider à lutter contre les problèmes de peau : séborrhée, rougeurs, couperose, vieillissement ou dessèchement de la peau.

Les produits naturels ne se conservent pas aussi bien que ceux qu'on trouve dans le commerce.
Les laits et les lotions ne se conservent qu'une semaine au réfrigérateur.
Les masques et les gommages ne se conservent pas. Utilisez-les juste après les avoir réalisés.

Nettoyer le visage de bébé

N'utilisez pas de lait de toilette, qui risquerait de boucher les pores de sa peau. Passez sur le front, les joues, le menton, la bouche et les ailes du nez de bébé une compresse imbibée de sérum physiologique ou d'eau minérale. Essuyez en utilisant une compresse sèche.

Roulez une petite mèche de coton entre vos doigts, humidifiez-la légèrement de sérum physiologique et faites-la pénétrer avec douceur dans une narine en la faisant tourner. Changez de coton pour l'autre narine. Nettoyez ensuite la base du nez.

Utilisez du coton sec pour les oreilles. Nettoyez d'abord l'entrée du conduit auditif, puis le pavillon et le sillon rétro-auriculaire.

Les problèmes de peau (le visage)

L'acné

La présence de pustules ou de kystes sébacés et de sécrétions huileuses sur le visage caractérise les peaux acnéiques. Mais contrairement aux idées reçues, l'acné n'apparaît pas seulement sur les peaux mal nettoyées. Il s'agit d'une maladie de la glande sébacée, qui en se bouchant provoque les boutons.

Surtout, ne triturez pas ni ne pressez les lésions, ne badigeonnez pas non plus la peau d'alcool dans l'espoir de la désinfecter. Nettoyez délicatement matin et soir votre visage, avec des produits non comédogènes, non irritants, comme des savons liquides spéciaux pour l'acné, qui ne stimuleront pas la séborrhée. Appliquez une lotion tonique au moyen de disques de coton et répétez l'opération jusqu'à ce qu'il ne reste plus aucune trace sur le coton. Et surtout, nourrissez et hydratez bien votre peau, avec une crème non grasse.

Faites bien attention : même si dans un premier temps les UV ont un effet anti-inflammatoire et asséchant sur les peaux acnéiques, ces dernières ne supportent ni des expositions au soleil prolongées, ni les lotions alcoolisées, ni les toniques, ni les fonds de teint, et encore moins le gras.

L'acné, qui touche 80 % des adolescents, n'est pas une fatalité.

Consultez un dermatologue. Il vous aidera à vaincre cette affection, en prescrivant des médicaments et des traitements locaux.

APAISER LES PEAUX ACNÉIQUES

L'huile essentielle de lavande est miraculeuse sur les peaux grasses et acnéiques. Elle nettoie les pores en profondeur. Massez la peau du visage avec 3 gouttes pures sur les régions affectées. Ne vous inquiétez pas si de légères rougeurs surviennent. Après une semaine de traitement, vous devriez noter une amélioration considérable.

L'ARGILE

Appliquez de l'argile sur les zones touchées. Ce produit naturel absorbe les impuretés situées sous la peau.

LA LOTION AU SEL

Versez 1 cuillerée à soupe de sel de cuisine dans 120 ml d'eau et mélangez. Imbibez un morceau de coton de cette lotion et appliquez sur les boutons deux à trois fois par jour.

LE MASQUE À L'ŒUF

Appliquez sur le visage un œuf battu. Laissez agir pendant 10 minutes, le temps que le masque se contracte et resserre les pores. Rincez abondamment, d'abord à l'eau tiède puis à l'eau froide.

Que faire en cas d'allergie ?

À peine appliquez-vous une nouvelle crème, un nouveau fard à paupières, que des plaques rouges formées de petits boutons apparaissent, parfois même votre visage gonfle. Il s'agit certainement d'une allergie au parfum contenu dans ces produits. N'insistez pas ! Changez de produits et même de marque ! N'appliquez sur votre peau que des produits anti-allergiques.

Les boutons

Un bouton est la conséquence d'un point noir infecté. Quand vous êtes fatigué, quand vous éliminez mal, quand vous avez abusé des épices, des viandes rouges trop grasses, du chocolat ou des boissons alcoolisées, des boutons rouges et durs, douloureux, à tête blanche, apparaissent parfois. Pas question de les toucher ! En les perçant vous risqueriez d'aggraver le problème. Laissez-les tranquillement finir leur évolution, mûrir, puis disparaître par eux-mêmes. S'ils vous gênent esthétiquement, maquillez-les. Mais attention à ne pas infecter éponges et pinceaux. N'utilisez que du coton ou des mouchoirs jetables.

ÉLIMINER UN BOUTON

• À plusieurs reprises dans la journée, tamponnez le bouton avec un morceau de coton imbibé de jus de citron.
Dès son apparition, passez pendant quelques secondes un glaçon sur le bouton. Cela suffit parfois à stopper son évolution.

• Appliquez une fine tranche de tomate sur le bouton. La tomate a des qualités astringentes et purifiantes. Laissez agir pendant un quart d'heure, puis rincez abondamment à l'eau claire.

• Tamponnez le bouton avec un coton imbibé d'eau dans laquelle vous aurez dilué un cachet d'aspirine.

• Appliquez de l'argile sur le bouton. L'argile est un formidable soin pour la peau. Excellent cicatrisant, elle absorbe et régule l'excès de sébum et aide à évacuer microbes et bactéries.

ASSÉCHER UN PETIT BOUTON

Avant de dormir, appliquez un peu de dentifrice dessus.

Les comédons ou points noirs

Ils apparaissent sur les zones les plus grasses du visage, comme le nez ou le menton.
Le petit canal drainant le sébum, sécrété par les glandes sébacées de

la peau, est bouché et entraîne l'apparition de boutons ou de points noirs. Plus le sébum s'accumule, plus le point noir se forme. La couleur noirâtre provient de l'oxydation des lipides du comédon au contact de l'air, selon certains, ou de la mélanine produite par la peau, selon d'autres.

Évitez l'apparition des points noirs en nettoyant bien votre visage et surtout en utilisant un lait démaquillant ou un savon appropriés à la qualité de votre peau. À la longue, nettoyages et soins répétés en viendront à bout. En aucun cas n'utilisez de tire-comédons. Si vraiment vous devez presser un point noir, faites-le les doigts entourés d'un mouchoir papier sec et propre, la peau légèrement humide.
Les comédons profondément incrustés et difficiles à atteindre sont du ressort de l'esthéticienne.

COMBATTRE LES COMÉDONS

Appliquez chaque jour, sur les points noirs, une compresse imbibée de jus de persil.

Trois fois par semaine, appliquez un masque à la levure de bière et au jaune d'œuf.

Versez dans un bol 2 cuillerées à soupe de levure de bière en paillettes, ajoutez 1 jaune d'œuf et mélangez bien. Appliquez sur le visage et laissez agir pendant 20 minutes. Rincez à l'eau minérale.

En savoir plus sur la couperose

La peau est sensible, congestionnée, rouge, parsemée de vaisseaux minuscules (les capillaires) éclatés. L'alcool et surtout une mauvaise circulation du sang sont responsables de la couperose.

Seul le dermatologue pourra vous aider à venir à bout de ce problème, soit à l'aide du rayon d'un laser, soit par l'électrocoagulation.
En attendant la visite chez le spécialiste, une poudre spéciale, de couleur verdâtre, pourra dissimuler votre couperose.

COMBATTRE LA COUPEROSE

Lavez votre visage tous les matins et tous les soirs avec une lotion composée de 50 g d'argile fine en poudre et de 1 litre d'eau minérale. Tamponnez délicatement votre visage avec un morceau de coton pour le sécher, puis passez dessus l'intérieur d'un morceau d'écorce de citron.

En savoir plus sur les dartres

Ce sont des affections de la peau, des taches blanches qui peuvent être entourées d'un liseré rouge. Parfois, elles peuvent démanger.

Sont à l'origine de ce problème : la sécheresse de la peau, des irritations, des infections mais aussi le froid ou le stress. L'exposition au soleil encourage également la formation de dartres.

Le plus couramment, on traite les dartres avec des crèmes hydratantes.

COMBATTRE LES DARTRES

• *Massez les dartres avec une noisette de beurre de karité, préalablement chauffée dans votre main.*

• *Lotionnez les dartres, matin et soir, sans frotter, avec une de ces trois décoctions :*

- d'acanthe : jetez 100 g de feuilles fraîches dans un 1 litre d'eau froide, portez à ébullition durant 15 minutes. Laissez refroidir ;

- de bardane : jetez 100 g de racine fraîche coupée en morceaux dans 1 litre d'eau, portez à ébullition durant 15 minutes. Laissez refroidir ;

- de bouleau : jetez 25 g d'écorces séchées dans 1 litre d'eau froide. Portez à ébullition durant 15 minutes. Laissez refroidir.

En savoir plus sur l'eczéma

L'eczéma se présente sous forme de plaques rouges plus ou moins suintantes et qui démangent. Cette maladie de peau évolue par poussées aggravées par des aliments ou des allergies qui peuvent être dues à différents éléments comme le nickel, le parfum, les acariens, les pollens, les poils d'animaux, certaines lessives, les adoucissants, certains aliments...

Rougeâtres, formées de vésicules, les lésions eczémateuses apparaissent surtout sur le visage et le cuir chevelu. Une démangeaison souvent très forte les accompagne. Le grattage qui en résulte entraîne rapidement des lésions cutanées qui risquent de se surinfecter.

Consultez un dermatologue. Il vous aidera à vaincre cette affection, en prescrivant des médicaments et des traitements locaux.

APAISER L'ECZÉMA

Appliquez de l'argile légèrement diluée dans l'eau minérale, ou en tube prêt à l'emploi, matin et soir, directement sur les plaques, en évitant le contour des yeux.

Laissez agir pendant 10 minutes environ, puis rincez à l'eau claire et séchez délicatement à l'aide d'un coton.

L'excroissance de peau ou *Molluscum pendulum*

Mou au toucher, de couleur brune ou rosée, c'est une simple excroissance de peau. Il est non contagieux, contrairement à la petite boule blanchâtre avec un petit orifice au centre qu'on appelle *molluscum contagiosum*. Si vous le trouvez disgracieux, s'il vous gêne, un dermatologue peut vous en débarrasser. Il le retirera par électrocoagulation ou avec de l'azote liquide.

Le grain de beauté ou nævus

Tache pigmentée de couleur brune, le grain de beauté se forme durant l'enfance et l'adolescence. Isolé ou en nombre, plat, lisse ou nodulaire, il est le plus souvent inoffensif. Toutefois, il faut le surveiller. **Si vous consta-**

tez qu'il grandit, change de couleur, de forme, de texture, devient douloureux, saigne sans avoir été blessé ou vous démange, prenez rendez-vous avec un dermatologue.

Lui seul pourra vous dire s'il s'agit d'un début de mélanome malin, qui est un cancer de la peau, ou d'une simple irritation et s'il faut le retirer ou non

L'hématome ou bleu

L'hématome cutané, très fréquent, est le plus souvent bénin. Causé par un choc, il s'accompagne d'un gonflement perceptible à la palpation (bosse), à l'endroit du coup.

Bleu, violet, il se colore progressivement en jaune verdâtre, puis disparaît au bout de 15 jours environ.

Comprimez la bosse avec un ou plusieurs doigts pendant quelques minutes, puis limitez l'épanchement en appliquant dessus un sac en plastique rempli de glaçons.

Si la bosse est due à un choc très violent, surtout sur la tempe, si le gonflement est très important et grossit au lieu de se résorber, consultez rapidement un médecin.

APAISER UN BLEU

• *Appliquez une compresse froide imbibée de 5 gouttes d'huile essentielle de romarin.*

• *Appliquez un cataplasme de feuilles fraîches de bardane (faites bouillir les feuilles pendant 5 minutes dans de l'eau légèrement salée, puis laissez refroidir).*

FAIRE DISPARAÎTRE UNE BOSSE SUR LE FRONT

Le plus vite possible, appliquez une grosse pièce de monnaie maintenue par un foulard très serré.

Les poils indésirables

Si vous êtes une femme et si le duvet léger et transparent situé au-dessus de la lèvre supérieure a tendance à se transformer en moustache, il faut l'estomper ou l'éliminer. N'utilisez pas de rasoir ! La décoloration (uniquement des produits étudiés pour le visage), la pince à épiler, la cire tiède ou froide et l'épilation électrique ou au laser, pratiquées par un dermatologue, sont seules conseillées.

Les poils incarnés

Le poil n'arrive pas à sortir, pousse à l'intérieur de la peau, formant une boule, une sorte de bouton, qui s'infecte. Souvent, les peaux mortes, en obstruant les pores de la peau, empêchent les nouveaux poils de sortir. Dans ce cas, procédez à une exfoliation.
Si le bout du poil est apparent, saisissez-le avec une pince à épiler préalablement stérilisée, arrachez-le et désinfectez la peau.
Mais si vous constatez un point d'infection, si vous souffrez, ne cherchez pas à retirer le poil, consultez un médecin ou un dermatologue, qui pourra l'enlever proprement.

ASTUCES

CALMER LES PROBLÈMES D'UN POIL INCARNÉ

• *Versez 1 goutte d'huile essentielle de thym ou d'eucalyptus sur le poil.*

• *Appliquez un peu d'argile verte, dans le but de faire mûrir le bouton, ce qui aidera le poil à remonter à la surface.*

Les taches sur la peau

Elles peuvent être de toutes sortes.
Seul le dermatologue, après examen, pourra distinguer s'il s'agit de taches pigmentaires ou d'autres lésions.

Les taches ou kératoses actiniques
Ces taches ressemblent aux taches pigmentaires, mais ont une apparence

plus épaisse, plus rugueuse et de la même couleur que la peau. De 2 à 6 mm de diamètre, elles siègent là où le soleil a frappé, de préférence sur le visage, le cou et la nuque, le haut du thorax, les avant-bras et les mains. Les personnes au teint clair sont les plus exposées à ces taches, qui peuvent se transformer en cancer de la peau.

Il faut du temps pour qu'une kératose actinique se développe, mais n'attendez pas que ces taches dégénèrent. Si vous avez le moindre doute, consultez un dermatologue.

Les taches brunes

La plupart sont causées par l'exposition au soleil. Elles apparaissent en premier sur le visage et le dos des mains.

Certaines crèmes dépigmentaires peuvent les estomper. Si les taches résistent à ces traitements, le dermatologue pourra les effacer en utilisant soit de l'azote liquide, soit un laser, soit une lampe flash.

Les taches blanches

Certaines taches blanches sont dues à l'hérédité, d'autres au soleil ou au parfum. Ce sont des dépigmentations indélébiles. Il est impossible de les faire disparaître, à moins de les maquiller.

ASTUCES

CAMOUFLER LES TACHES

Pratiquez un gommage doux, puis appliquez sur les taches un anticerne ou un fond de teint de camouflage. Tapotez délicatement en débordant, puis poudrez tout le visage à l'aide d'un pinceau.

Les taches de rousseur (éphélides)

Les taches de rousseur sont des petites taches brunes de moins de 5 mm de diamètre. Elles apparaissent sur les peaux claires, en premier sur le visage. Induites par l'exposition au soleil, elles ont tendance à s'atténuer en son absence.

Certains leur trouvent du charme, d'autres les détestent. Certaines crèmes peuvent les atténuer. Mais attention, à la première exposition au soleil, les taches de rousseur reviendront.

Après la cinquantaine, il est conseillé de consulter un dermatologue au moins une fois par an.

Les verrues sur le visage

Bénignes mais contagieuses, dues à des virus de la classe du *Papilloma virus*, ce sont des excroissances cutanées rugueuses et bien délimitées. Parfois, des points noirs apparaissent sur le dessus, causés par des petits vaisseaux sanguins qui se sont coagulés sous l'effet du développement rapide de la verrue.

Des traitements chimiques présentés sous forme de stylos permettent en une application de « brûler » la verrue.

Mais Consultez un dermatologue, il les détruira à l'aide de l'azote liquide.

VAINCRE LES VERRUES

• *Coupez une gousse d'ail en deux puis passez-la directement sur la verrue plusieurs fois par jour.*

• *Imbibez un Coton-Tige d'eau oxygénée et appliquez-le plusieurs fois par jour sur la verrue.*

• *Mélangez de l'ail écrasé avec de l'argile, étalez cette pâte sur la verrue, recouvrez d'un pansement et laissez agir toute la nuit. Recommencez tous les soirs jusqu'à la disparition de la verrue.*

• *Étalez du miel sur la verrue et recouvrez d'un pansement. Recommencez tous les soirs jusqu'à la disparition de la verrue.*

• *Appliquez sur la verrue le zeste d'un citron préalablement trempé pendant au moins 1 heure dans du vinaigre blanc.*

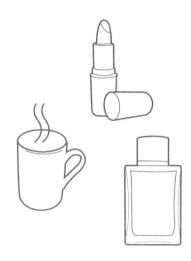

À propos du bronzage

Tous les dermatologues l'affirment : si le soleil est bénéfique pour la santé parce qu'il favorise la fabrication de vitamine D, les expositions prolongées, surtout pour les peaux claires des blonds et des roux, sont nocives.

Les adorateurs du soleil doivent donc s'attendre à la longue à avoir une peau vieillie prématurément, parsemée de taches et de petites plaques blanches qui ne bronzeront plus. Parfois, des cancers cutanés risquent de se déclarer.

Les coups de soleil

Ils servent d'avertissement en nous indiquant que la peau a souffert et qu'il faut la protéger soit en mettant un chapeau et en se couvrant, soit en se mettant à l'ombre.

Attention aux coups de soleil

• Ne vous exposez pas entre 11 heures et 15 heures.
• Appliquez généreusement de la crème sur votre visage au moins 30 minutes avant l'exposition au soleil, afin que les filtres anti-UV puissent se répartir dans les couches supérieures de la peau.
• Évitez aux bébés et aux petits enfants l'exposition au soleil.
• Protégez-vous avec un chapeau et des lunettes.
• Ne restez pas des heures inerte au soleil.

Il ne faut jamais s'asperger d'eau de toilette ou de parfum avant une exposition au soleil. Des taches brunes risqueraient d'apparaître.

Les crèmes protectrices n'empêchent pas le bronzage.
Bien au contraire : elles favorisent un bronzage harmonieux et plus durable tout en préservant la peau.

Les crèmes solaires

En raison de préoccupations écologiques, de l'amincissement de la couche d'ozone et de la peur du cancer, les chercheurs mettent chaque année au point des crèmes de plus en plus performantes.

Mais si vous ne renouvelez pas l'application de ces crèmes tous les quarts d'heure au moins, et après chaque bain dans la piscine ou la mer, ces produits, même performants, à indice élevé et contenant des filtres à UVA (les UVA sont responsables du vieillissement cutané induit par le soleil), ne vous serviront à rien. Les effets de la crème diminueront et le soleil pourra endommager le collagène des couches profondes de la peau.

Les produits solaires de plus d'un an doivent être impitoyablement jetés pour éviter des allergies, qui risqueraient de couvrir la peau de taches.

Certains médicaments, lors de l'exposition au soleil, peuvent déclencher des réactions cutanées inhabituelles.
Demandez conseil au médecin ou au pharmacien.

Les lotions et les crèmes après soleil ont pour but de régénérer la peau, qui vient de subir un stress.

L'application de masques hydratants, d'une crème de nuit ou d'un sérum régénérateur le soir suivant l'exposition au soleil est conseillée. Ces produits aideront à réparer la peau.

RÉPARER ET SOULAGER UN COUP DE SOLEIL

- *Appliquez du miel durant un quart d'heure sur le visage.*
- *Appliquez une compresse d'eau tiède saupoudrée de bicarbonate de soude.*
- *Appliquez une compresse imbibée de vinaigre. Attendez quelques minutes avant de rincer.*
- *Appliquez sur le coup de soleil de l'argile verte ou grise.*
- *Appliquez une couche de yaourt nature. Laissez agir pendant au moins 15 minutes. Rincez à grande eau.*

- *Appliquez un jaune d'œuf.*
- *Posez des tranches de concombre sur le visage.*
- *Massez avec de l'huile de rose musquée du Chili.*

ACCÉLÉRER LE BRONZAGE

Dans une bouteille, ajoutez à votre protection solaire 10 cuillerées à thé d'huile de noix, 3 de jus de citron et 3 d'eau de mer. Secouez pour mélanger.

Le rasage

Bien se raser

Le passage quotidien de la lame du rasoir sur le visage n'est pas inoffensif, il abrase les couches épidermiques et accélère la déshydratation de la peau, provoquant rougeurs, irritations et boutons.

L'idéal est de se raser le matin, un quart d'heure après le réveil, après la douche ou le bain. Commencez par le nettoyage du visage à l'aide d'un gel, d'une crème lavante ou d'un pain surgras. Rincez à l'eau chaude.

Ne vous rasez pas dès que vous sortez du lit, attendez au moins un quart d'heure, le temps que les muscles soient plus fermes et que les poils se redressent.
En été, évitez l'exposition au soleil juste après le rasage, vous risqueriez l'échauffement de votre peau et l'apparition de boutons ou de taches brunes.

Avant de procéder au rasage électrique, séchez votre peau. Ce rasage doit s'effectuer impérativement sur une peau bien sèche. Préférez pour vous sécher l'air chaud du séchoir à cheveux aux serviettes usagées.

En revanche, pour le rasage mécanique, il faut humidifier la peau au maximum. L'application sur les joues d'un linge humide et chaud pendant 20 secondes assouplira les poils.

Si votre peau vous paraît desséchée, si vous souffrez d'irritations répétées dues au rasage, n'hésitez pas à nourrir préalablement votre peau avec de l'huile d'amande douce ou de l'huile d'olive. L'huile d'amande douce possède des propriétés adoucissantes et assouplissantes. Calmante, onctueuse et très douce, elle aide à vaincre la sécheresse cutanée. L'huile d'olive, naturelle et extraite de première pression à froid, contient des propriétés émollientes et nourrissantes. Elle assouplit et protège la peau. Massez par légers massages circulaires.

Si votre peau est grasse, acnéique, redoublez d'attentions en la nettoyant régulièrement avec des exfoliants, en la traitant avec des produits recommandés par un dermatologue et en utilisant, après le rasage, un gel antibiotique.

Avant le rasage, étalez sur la peau de la mousse à raser, un gel de rasage ou encore une crème à raser, en faisant attention que le produit choisi soit bien adapté à votre type de peau. Les uns comme les autres faciliteront le glissement du rasoir à condition que vous les laissiez agir quelques minutes, le temps que les principes du produit fassent leur effet.

Rasez-vous avec un rasoir propre, vous éviterez les infections.

La pression du rasoir doit être légère et lente. Elle s'effectue toujours dans le sens de la pousse du poil : de haut en bas sur les joues, au-dessus des lèvres et au menton, d'avant en arrière sous le menton, de bas en haut au niveau du cou.

Rincez soigneusement votre rasoir après chaque passage.

Certaines personnes supportent le rasage à contresens. Tant mieux pour eux ! Le rasage sera plus rapide.

Rincez abondamment en laissant couler sur le visage de l'eau chaude, puis froide.

Séchez la peau à l'aide de l'air chaud du séchoir à cheveux. Évitez le gant et la serviette, véritables foyers de bactéries !

En cas de coupure, passez dessus une pierre d'alun préalablement mouillée à l'eau. Les saignements s'arrêteront.

Calmez le feu du rasage en appliquant généreusement sur la peau non pas un after-shave, mais un baume après-rasage. Faites bien pénétrer. Ces baumes sont indispensables pour hydrater et surtout apaiser l'épiderme des agressions du rasage en lui évitant toute sensation de picotement et de tiraillement.

Limitez les risques d'allergie, préférez les produits qui sont conçus pour peau sensible, sans alcool, qui ont la texture d'une crème.

Prendre soin des peaux quotidiennement rasées
Après chaque rasage, appliquez une crème hydratante en insistant bien sur les parties rasées. Une à deux fois par semaine, juste avant le rasage, procédez à un gommage à grains.

ADOUCIR LE RASAGE

Apaisez la peau, avant et après le rasage, en passant dessus du bicarbonate de soude dilué dans 1 tasse d'eau chaude.
Passez sur la peau un peu d'huile de rose musquée du Chili, cette huile magique apaise non seulement le feu du rasoir, mais les blessures diverses.
L'argile est un formidable soin pour la peau et un cicatrisant efficace. Achetez en pharmacie ou dans une boutique de diététique un tube d'argile verte prêt à l'emploi. Appliquez l'argile sur votre visage en évitant le contour des yeux. Laissez agir pendant 10 minutes environ, puis rincez à l'eau claire.

Nettoyer les rasoirs

Le rasoir électrique
S'il est plein de poils, utilisez un pinceau ou, mieux, une bouteille d'air qui sert à nettoyer les ordinateurs. Les poils seront expulsés facilement sans abîmer l'appareil. Ensuite, faites tremper la tête du rasoir dans un bain composé d'un tiers d'ammoniaque et deux tiers d'eau. Brossez, puis rincez à l'eau savonneuse, et enfin à l'eau claire.

RASOIR MÉCANIQUE OU ÉLECTRIQUE ?

Si la barbe est importante et que les poils ont une implantation anarchique, le rasage mécanique est à préférer. Il est plus efficace.
Si la pilosité ne pose aucun problème, le rasoir électrique est la solution pour se raser de près, vite et bien.

Le rasoir mécanique

Rincez-le après chaque usage et changez les lames tous les trois ou quatre rasages.

Le rasoir manuel

C'est le rasoir du rasage à l'ancienne, le rasage coupe-chou des barbiers. Son usage est réservé à certains amateurs, habiles de leurs mains.
La lame doit être lavée et essuyée soigneusement après chaque utilisation. Si vous vous en servez régulièrement, entretenez la coupe en commençant par quelques mouvements d'aiguisage sur le gras du pouce ou, encore mieux, utilisez un cuir à aiguiser. Si vous ne l'avez pas utilisé depuis longtemps, lubrifiez préalablement la lame.
Rangez le rasoir dans un endroit sec et aéré.

Combattre les méfaits du temps sur la peau

Au fil du temps, la peau devient moins souple, plus fine et plus sèche. Elle a même tendance à s'affaisser. Mais si le vieillissement cutané est iné-luctable, car génétiquement programmé, une mauvaise hygiène de vie, le stress, des habitudes alimentaires inappropriées, le tabagisme, l'abus de l'alcool, la pollution, les expositions répétés au soleil jouent un rôle majeur dans ce processus.

DES MASQUES ANTIRIDES

• Mélangez le contenu de 1 grosse cuillerée à soupe de farine de pois chiches avec 1 blanc d'œuf battu en neige. Ajoutez du miel liquide. Appliquez sur le visage, gardez 20 minutes, puis rincez abondamment à l'eau tiède.

• Mélangez le contenu de 2 cuillerées à thé d'argile verte avec 2 cuillerées à thé d'huile de maïs. Appliquez en pâte et laissez agir pendant 15 à 20 minutes. Rincez abondamment à l'eau tiède.

LE MASQUE « LIFTING » POUR PEAU SÈCHE

Mélangez 2 cuillerées à soupe de crème fraîche à 1 blanc d'œuf. Laissez poser 15 minutes, puis rincez abondamment à l'eau tiède.

LE MASQUE POUR RETENDRE LES TRAITS DU VISAGE

Montez 1 blanc d'œuf en neige, mélangez avec 1 cuillerée à soupe d'eau de rose et 1 cuillerée à café de Maïzena. Appliquez en pâte, laissez agir pendant 15 à 20 minutes, puis rincez abondamment à l'eau tiède.

LE MASQUE CONTRE LES PATTES D'OIE ET LES RIDES DU COU

Mélangez 50 g de marc de café, le jus de 1 citron, 3 blancs d'œufs battus en neige et 1 cuillerée à café de miel.

DES CRÈMES SUPERHYDRATANTES
CONTRE LE VIEILLISSEMENT

La crème au chocolat
Mélangez dans un bol 1 cuillerée à soupe de beurre de cacao, 1 cuillerée à soupe de lanoline et 1 cuillerée à café d'huile de germe de blé (ces ingrédients se trouvent dans les magasins de diététique). Faites chauffer, au degré le plus doux, pendant 2 minutes au micro-ondes. Laissez refroidir. Ajoutez 1 goutte d'essence de romarin et mélangez à nouveau. Appliquez sur le visage, le soir au coucher.
Conservez la crème dans un pot stérile bien fermé.

La crème à la gelée royale
Ajoutez à votre peau de crème 3 g de gelée royale pure. Mélangez bien énergiquement le tout. Appliquez un peu de gelée royale pure sur les rides du bout d'un doigt.

DES MASSAGES À L'HUILE

• Massez tous les soirs le visage démaquillé avec quelques gouttes d'huile d'argan pure.

• Vous pouvez aussi masser votre visage tous les soirs avec quelques gouttes d'huile de rose musquée du Chili. Cette huile améliore le tonus de la peau et atténue les rides.

Consommez abondamment des fruits et des légumes, riches en vitamines A et C, buvez de l'eau régulièrement, pratiquez un sport, évitez les plats trop gras, les boissons alcoolisées. De plus, limiter sérieusement sa consommation de tabac peut rendre à une peau maltraitée par l'âge son éclat et sa beauté, surtout si elle est convenablement hydratée.

Une crème, un masque ou une protection solaire doivent être adaptés à l'âge d'une femme ou d'un homme. Pas question d'utiliser les mêmes produits à 18 ans qu'à 45 ! Des traitements ciblés, soit en institut, soit chez vous, peuvent restaurer la barrière lipidique naturelle de la peau et vous aider à lutter contre les effets du vieillissement du visage.

ASTUCES

DES CAPSULES À AVALER EN COMPLÉMENT DES TRAITEMENTS DE LA PEAU

2 à 6 capsules d'huile de bourrache par jour vous aideront à améliorer la souplesse de votre épiderme et à empêcher sa déshydratation.

ATTENTION

EN VIEILLISSANT, ALLÉGER LE MAQUILLAGE

Donnez-vous seulement bonne mine. Pour cela, préférez un fond de teint léger, de la couleur de votre peau, du brun ou du gris sur les yeux, un peu de mascara sur les cils, du blush rosé ou orangé sur les joues et juste un soupçon de rouge à lèvres ni trop rouge, ni trop foncé sur la bouche.

Les yeux et la vue

À SAVOIR

L'ASTIGMATISME

L'astigmate a une vision trouble de loin et de près. Ce phénomène, souvent héréditaire, est dû à une déformation de la cornée.

LA MYOPIE

Le myope voit parfaitement de près, et avec plus ou moins de difficultés de loin.

L'HYPERMÉTROPIE

L'hypermétrope voit de loin et de près, mais en accommodant sa vue, ce qui, chez certains et surtout chez les enfants, peut entraîner un strabisme.

LA PRESBYTIE

Le presbyte ne voit plus bien de près, il éloigne sa lecture de ses yeux, tant il a du mal à lire les petits caractères. Hélas, ce phénomène, paraît-il normal, atteint la plupart de nous après 45 ans.

Le démaquillage des yeux

Il est impératif de démaquiller ses yeux chaque soir avant de se coucher. Utiliser un coton pour chaque œil est préférable.

Imbibez ce coton d'un démaquillant spécifique, puis passez-le délicatement sur la paupière, en prenant soin de partir de la base des sourcils vers la paupière inférieure (le lait démaquillant n'est pas recommandé). Recommencez l'opération, en changeant de coton, autant de fois que nécessaire.

FAIRE BRILLER SES YEUX ET BLANCHIR LE BLANC DE L'ŒIL

• *Mouillez votre œil de quelques gouttes d'orange ou de citron. Bien évidemment, ça pique ! mais juste une seconde... pour un résultat incroyable. Si vous ne voulez pas pleurer comme une fontaine, procédez à l'opération avant de vous maquiller.*

• *Autre méthode, moins radicale, versez dans vos yeux une goutte de collyre bleu.*

Les yeux brûlent

L'œil brûle, rougit et, parfois avec la sensation que quelque chose gratte la cornée, sécrète des larmes, voire un liquide purulent. Cette affection s'appelle la conjonctivite. La conjonctivite ne se guérit pas seule. Il faut la traiter rapidement. **La consultation chez un spécialiste s'impose. Il prescrira des traitements locaux.**

Quelques recommandations en cas de conjonctivite

• Lavez-vous les mains avant de mettre un collyre.

• Faites attention à ce que la pointe du flacon ne touche pas le globe oculaire.

• Ne vous frottez pas les yeux.

• Fermez le flacon après chaque utilisation.

• Si vous en avez, ne portez plus vos lentilles, nettoyez-les encore plus soigneusement que d'habitude avant de les ranger.

ASTUCES

SOULAGER LES YEUX FATIGUÉS

Mélangez dans un bol de l'eau de rose et le jus de 1/2 citron, et ajoutez 2 glaçons (confectionnés à partir d'eau minérale). Imbibez une compresse stérile de cette solution. Essorez délicatement, puis appliquez aussitôt sur le coin de l'œil.

LES CATAPLASMES ET COMPRESSES

• Dans un bol, mouillez de la mie de pain complet avec du lait tiède et 1 jaune d'œuf. Mélangez bien jusqu' à l'obtention d'une pâte épaisse. Appliquez ce cataplasme pendant 15 minutes sur les paupières closes. Rincez bien avant d'ouvrir les yeux. Recommencez l'opération toutes les deux heures.

• Appliquez pendant 15 minutes environ sur chaque paupière une compresse stérile imbibée d'eau tiède sur laquelle vous aurez versé quelques gouttes d'essence de camomille.

• Jetez 50 g de pétales de rose dans 1 litre d'eau bouillante. Imbibez des compresses de cette infusion refroidie, puis appliquez durant un quart d'heure sur les paupières.

Les cataplasmes et les compresses ne servent qu'une fois, ils doivent être jetés aussitôt après usage.

Les yeux piquent

Il s'agit de sécheresse oculaire. La sécrétion des larmes n'humidifie pas assez la cornée. Des larmes artificielles soulageront cette gêne.

Les yeux pleurent

Des larmes envahissent les yeux au point de rendre la vue trouble. Cet excès peut être dû à une obstruction des voies lacrymales.
Seul l'ophtalmologiste pourra faire un diagnostic.

Votre vision est gênée après que vous avez fixé longtemps un écran ? N'incriminez pas l'appareil, et allez consulter un spécialiste. Ces troubles sont certainement le révélateur d'un problème ophtalmique, provoqué par exemple par des lunettes ou des lentilles mal adaptées.

Les mouches volantes

Parfois, des petites taches sombres, des points brillants bougent dans le champ visuel. Cela peut être inoffensif s'il s'agit d'un vieillissement de l'humeur vitrée, qui remplit toute la partie interne de l'œil, ou plus grave… s'il s'agit d'un décollement de la rétine.
Leur apparition brutale doit faire l'objet d'une consultation en urgence.

Toute manifestation douloureuse sur l'œil ou autour de l'œil, tout phénomène inhabituel, toute modification du champ de vision devraient mériter une consultation chez un ophtalmologiste.

Les taches devant l'œil

Si vous êtes gêné pour lire, si vous avez la sensation d'une tache devant l'œil, il peut s'agir d'une DMLA, une dégénérescence maculaire liée à l'âge. **Consultez un ophtalmologiste de toute urgence !**

Un peu de sang sur l'œil

Il s'agit d'une rupture d'un petit vaisseau. C'est un accident bénin : juste un peu de sang sur l'œil, entre la cornée et l'iris, qui se résorbera petit à petit, tout seul. **Si la disparition tarde à venir, n'hésitez pas à consulter.**

Les yeux : en cas d'accident les bons gestes à effectuer

La poussière dans l'œil

Ne frottez pas l'œil. Tirez sur les cils, soulevez délicatement la paupière supérieure, abaissez-la vers la paupière inférieure, puis clignez plusieurs fois des yeux. Recommencez.
Si vos efforts restent infructueux, n'hésitez pas à consultez.

La limaille dans l'œil

La limaille, particule métallique en forme de galette, sur la cornée n'est pas forcément douloureuse. Mais comme les larmes n'arrivent pas à la chasser, elle devient gênante à chaque battement de paupière, jusqu'à provoquer une inflammation ou une infection. Si une limaille est entrée dans votre œil, ne cherchez pas à la retirer, ne mettez aucun collyre, placez un pansement sur la paupière et consultez le plus vite possible un médecin à même de la retirer.

Le coup d'ongle ou de branche

Si l'œil devient très rouge, larmoie et est très sensible à la lumière, il se peut que la cornée soit touchée. Il est plus prudent de consulter.

La projection d'huile bouillante ou de produit chimique dans l'œil

Ce genre d'accident n'est pas à prendre à la légère, il peut conduire à la cécité. Si le contenu d'une bombe lacrymogène, un produit ménager ou de l'acide a touché votre œil, n'attendez surtout pas, courez vers un robinet d'eau, et, tête penchée, rincez-vous abondamment l'œil pendant plus de 5 minutes.

Après, seulement, placez une compresse stérile, non compressive, sur l'œil et consultez en urgence un ophtalmologiste.

LES ACCIDENTS À ÉVITER

- *Faites attention à ne pas diriger vers vous le jet d'un atomiseur de produit chimique.*
- *Lors de la cuisson, ne vous approchez pas trop d'une poêle à frire.*
- *Lavez-vous toujours les mains après la manipulation de produits chimiques.*
- *Attendez que la voiture refroidisse avant d'ouvrir le capot.*
- *Ne laissez jamais vos enfants jouer avec des pétards.*
- *Éloignez-vous des feux d'artifice.*

La balle dans l'œil

Que la balle soit de squash, de golf ou de tennis, si l'œil l'a reçue, et surtout si la vision est devenue trouble, il peut y avoir un sérieux traumatisme. Une consultation en urgence est donc recommandée.

EN CAS D'ACCIDENT DE VOITURE

Si les yeux ont été atteints par des débris du pare-brise, en attendant le transport à l'hôpital le plus proche, il ne faut surtout pas les toucher mais les protéger par un pansement léger non compressif.

L'œil au beurre noir

Vous vous êtes cogné contre une baie vitrée et en dessous de l'œil apparaît une ecchymose... Pas de panique ! Appliquez pendant quelques minutes un sac en plastique dans lequel vous aurez placé des glaçons, ou, encore mieux, un sac de légumes surgelés. Recommencez quatre ou cinq fois dans la journée jusqu'à ce que l'enflure diminue.

Si vous n'arrivez plus à ouvrir la paupière, si le choc s'accompagne d'une plaie importante, n'hésitez pas, allez consulter en urgence.

ASTUCES

APAISER UN COUP SUR L'ŒIL

Le cataplasme de pomme
Râpez une belle pomme dans un linge propre, enroulez en tampon, puis appliquez le cataplasme sur la paupière fermée.

Les paupières

La blépharite

Vos paupières sont rouges, gonflées, et vous provoquent des démangeaisons ? Il s'agit sans doute d'une blépharite : une inflammation du bord des paupières. C'est une affection courante, mais qui doit être impérativement soignée.

En attendant de consulter un ophtalmologue, pour évacuer les sécrétions, en massant régulièrement à l'aide d'un doigt le bord des paupières, versez dans les yeux du sérum physiologique et pendant un quart d'heure, quatre fois par jour, appliquez sur les paupières des compresses imbibées d'eau chaude. Nettoyez avec une compresse propre, imbibée d'eau tiède additionnée de shampoing pour bébé ne piquant pas. Éliminer doucement les petites croûtes à l'aide d'un Coton-Tige.

DÉCONGESTIONNER LES PAUPIÈRES ENFLÉES

• Jetez quelques fleurs de camomille dans de l'eau minérale. Portez à ébullition, puis laissez refroidir et filtrez. Trempez une compresse stérile dans cette solution. Essorez délicatement et appliquez aussitôt sur les paupières fermées. Gardez ces compresses pendant un quart d'heure. Recommencez l'opération toutes les 2 heures environ.

• Les feuilles de framboisier, les fleurs de bleuet, les fleurs séchées de violette odorante et celles de guimauve peuvent aussi être très efficaces.

• Vous pouvez aussi appliquer sur les paupières deux compresses imbibées de lait froid ou de fromage blanc.

ATTÉNUER LES POCHES ET LES CERNES SOUS LES YEUX

• Au réveil, restez allongé encore un peu au lit et buvez 1 ou 2 verres d'eau. L'eau stockée durant la nuit va s'éliminer plus facilement et vos paupières se décongestionneront.

• Pour les cernes et les poches, faites infuser 2 sachets de thé dans de l'eau chaude et laissez-les refroidir. Lorsque ces sachets de thé sont tièdes, pressez-les puis appliquez-les sous vos yeux pendant un quart d'heure.

Le chalazion

C'est une inflammation d'une glande située dans l'épaisseur de la paupière. Plus gênant que douloureux, normalement, le chalazion se résorbe en quelques semaines. Mais il a tendance à se surinfecter, et à revenir. **Une consultation chez un ophtalmologiste est donc conseillée.**

ÉLIMINEZ CHALAZIONS ET ORGELETS

Prenez une alliance en or, chauffez-la en la frottant énergiquement contre un tissu ou un de vos vêtements, puis, avec des mouvements circulaires, appliquez-la aussitôt pendant quelques secondes sur la paupière malade. Plus l'or est chaud, plus les résultats sont performants.

L'orgelet

L'orgelet ou le compère-loriot est une infection située au bord des paupières, à la base d'un cil. Si vous n'y touchez pas trop, il s'éliminera spontanément au bout d'une dizaine de jours environ, sinon un médecin pourra vous prescrire un traitement associant collyres, pommades antibiotiques et anti-inflammatoires. S'il grossit d'une façon importante et devient gênant, n'hésitez pas à consulter.

Les infections des paupières sont courantes et souvent bénignes, mais il faut tout de même consulter un spécialiste, surtout si le problème devient chronique et entraîne la perte des cils. Ces symptômes pourraient indiquer une lésion maligne.

Les lentilles de contact et les lunettes

Les lentilles

Les lentilles, même idéalement adaptées à la vision, restent un corps étranger, et donc peuvent être à l'origine d'irritations et d'infections. Elles peuvent également devenir moins confortables et irriter les yeux quand, pour une raison quelconque, les larmes, qui servent à améliorer le passage de l'oxygène à travers les lentilles, deviennent rares. Manipulez-les donc avec soin, et en cas d'intolérance, même passagère, surtout si une des lentilles est abîmée, renoncez à les porter, et n'hésitez pas à consulter.

L'entretien des lentilles

La première chose à faire avant de manipuler des lentilles est de se laver les mains. La seconde est de les désinfecter dès leur retrait. Qu'elles soient souples ou dures, désinfectez-les en les déposant dans un étui de trempage, qui lui aussi doit être d'une propreté méticuleuse.

Si vous avez une poussière dans l'œil, retirez la lentille et rincez-la avec un produit de rinçage.

Les lentilles souples

Nettoyez-les en versant dessus un produit décontaminant contre les germes et contre les graisses et les protéines. Massez-les doucement entre le pouce et l'index, sans frotter, puis déposez-les dans leur étui avec du produit.

Si vous ne voulez pas être victime d'une infection oculaire, remplacez obligatoirement la solution de l'étui de trempage tous les jours, et surtout pas tous les deux jours ! Le pouvoir du liquide décontaminant diminue fortement lorsqu'on l'utilise plusieurs jours de suite.

Les lentilles rigides

Il est impératif de les nettoyer chaque soir. Remplissez l'étui de produit décontaminant spécifique aux lentilles rigides, en prenant bien soin de ne pas utiliser un produit pour lentilles souples. Laissez les lentilles tremper toute la nuit. Le matin, avant de les porter, n'oubliez pas de les rincer et de vider l'étui.

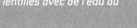

Sous peine d'infection, ne rincez jamais vos lentilles avec de l'eau du robinet ou de la salive.
Évitez de manipuler des lentilles après vous être essuyé les mains avec une serviette qui peluche.
Ne posez votre mascara qu'après avoir mis vos lentilles, et évitez la poudre sur les yeux.
Si vous ne portez vos lentilles que rarement, pensez à renouveler l'eau de trempage une fois par mois.
Et à la moindre irritation de l'œil, retirez-les ! Les lentilles ne se portent que sur des yeux sains.

Les étuis de lentilles

Afin d'éviter la prolifération de microbes souvent à l'origine d'irritations, les étuis de lentilles doivent toujours être propres et désinfectés. Nettoyez-les et stérilisez-les en les plongeant (sans les lentilles et sans aucun autre accessoire) dans de l'eau bouillante pendant quelques minutes.

 Les lunettes

Des bonnes lunettes doivent être parfaitement ajustées à la vue, mais
aussi agréables à porter, élégantes, adaptées à la morphologie du visage
et pas trop lourdes. Les lunettes qui laissent des traces rouges sur le nez
ou derrière les oreilles sont à changer.

Prendre soin de ses lunettes

Comment voir clair avec des lunettes aux verres sales ? Il existe des quantités de produits pour les nettoyer, mais la meilleure méthode, et la plus
économique, est que vous les savonniez à chaque fois que vous vous lavez
les mains. Rincez-les et essuyez-les immédiatement.

Si la vis de vos lunettes a tendance à se dévisser, pas d'angoisse ! Versez
une petite goutte de vernis à ongles incolore sur la tête de vis et la vis tiendra.

Les verres de lunettes rayés

Frottez les rayures avec un coton sur lequel vous aurez saupoudré de la
cendre (froide) de cigarette.

Éliminer la buée sur les verres de lunettes

Frottez les verres (sur les deux faces) avec un morceau de savon bien sec.
Essuyez-les avec un chiffon propre... et vous verrez... c'est miraculeux !

Éliminer les reflets sur les verres de lunettes

Frottez les verres avec un linge imbibé de vinaigre blanc ou de... vodka.

Le port de lunettes, même dès le plus jeune âge des enfants, n'affaiblira
pas leur vue. En revanche, le port de verres incassables est obligatoire.

Les cils et sourcils

L'épilation des sourcils

Il faut tout d'abord déterminer l'arc idéal des sourcils. Pour cela, posez un crayon verticalement contre l'aile du nez. Le point de départ du sourcil étant marqué, répétez l'opération en diagonale en traversant l'iris pour identifier le point le plus haut de l'arcade, puis inclinez-le vers le coin externe de l'œil pour déterminer l'endroit où se termine le sourcil. Il ne vous restera plus qu'à épiler les poils hors de cette zone.

Attention de ne pas trop épiler ! Les poils des sourcils repoussent difficilement !

L'ÉPILATION DES SOURCILS MOINS DOULOUREUSE

Plusieurs solutions s'offrent à vous. Vous pouvez :
- passer un glaçon sur la zone que vous voulez épiler ;
- passer sur la zone à épiler un coton imbibé d'alcool à 90°, laisser sécher puis épiler ;
- appliquer de la vaseline sur la zone à épiler.

MAQUILLAGE DES SOURCILS

Des sourcils bien dessinés structurent un visage. Certains maquilleurs préfèrent appliquer de l'ombre à paupières brune sur les sourcils qui ne sont pas assez fournis, d'autres privilégient le crayon. Ils choisissent ce crayon d'une teinte proche de la couleur des sourcils et l'appliquent non pas en une longue ligne mais par petits traits.
On peut également donner une impression de volume aux sourcils en les maquillant avec du mascara.

La teinture des cils et des sourcils

Ne vous brûlez pas les yeux ! N'utilisez pas sur les cils ou les sourcils une coloration conçue pour les cheveux. Les teintures de cils et de sourcils sont du ressort de l'esthéticienne ou du coiffeur. Toutefois, si vous tenez tout de même à procéder vous-même à la teinture, protégez vos yeux !

Si le produit de teinture a giclé dans votre œil, n'attendez surtout pas : tête penchée sous un robinet, rincez abondamment votre œil pendant plus de 5 minutes.

Le maquillage permanent des sourcils

Sur le principe du tatouage, mais seulement dans les couches superficiel-les de la peau, ce maquillage temporaire (2 à 3 ans) permet de retracer la ligne du sourcil ou de l'épaissir. Un spécialiste qualifié en dermographie fera ce maquillage, de la couleur qui sera la plus proche possible de vos cheveux.

MAQUILLAGE DES CILS

• *Si vous avez tendance à pleurer, utilisez un mascara waterproof, sinon, passez une couche de mascara transparent sur le mascara pour le fixer, et appliquez un peu de poudre sur le dessous des paupières.*

• *Poudrez vos cils avant de les maquiller : le mascara tiendra mieux.*

• *Si vous êtes fatiguée, évitez de poser du mascara sur vos cils inférieurs.*

• *Appliquez le mascara de la racine des cils jusqu'à la pointe.*

• *Nettoyez régulièrement la brosse du mascara.*

• *Si le mascara fait des paquets et colle les cils, placez un mouchoir en papier entre les cils supérieurs et inférieurs. Fermez les yeux, et enlevez le surplus à l'aide d'un peigne pour cils.*

• *Une fois ouvert, un mascara dure de 3 à 6 mois. S'il fait des grumeaux, il est possible qu'il soit périmé.*

OBTENIR DES CILS MAGNIFIQUES

Jetez dans une casserole remplie de 50 cl d'eau 20 g de feuilles de sauge fraîche ou 10 g de sauge séchée. Portez à ébullition, puis laissez frémir pendant 10 minutes. Laissez refroidir, filtrez et ajoutez 1 cuillerée à soupe d'huile d'olive. Versez le liquide dans un flacon de ricin d'huile de ricin, à goulot étroit. Secouez énergiquement. Appliquez sur les cils avant de vous coucher, à l'aide d'une brosse à mascara propre.

La densification des cils

Si vous avez très peu ou pas de cils, un spécialiste de la micropigmentation pourra renforcer votre regard en dessinant sur votre paupière des points donnant l'illusion de cils plus longs.

LES TRUCS DE MAQUILLAGE

Le crayon trop gras : placez-le pendant quelques heures au réfrigérateur avant de le tailler.

Le crayon trop sec : passez rapidement la mine sous la flamme d'une allumette ou d'un briquet.

Trop de fard à paupière : n'utilisez pas un mouchoir papier pour l'enlever ! Préférez un pinceau saupoudré d'un peu de poudre.

Du mascara sur une paupière maquillée : effacez le mascara à l'aide d'un Coton-Tige par petites touches délicates, sans insister. Si cela ne suffit pas, passez sur la paupière un Coton-Tige imprégné de fond de teint.

Du fond de teint sur les sourcils : utilisez une petite brosse, et brossez vos sourcils dans tous les sens.

Trop de mascara sur les cils : placez un mouchoir en papier entre les cils inférieurs et supérieurs et fermez les yeux. Recommencez si besoin est. Vous pouvez aussi utiliser une brosse à cil ou une brosse propre d'un ancien mascara.

Le nez

Qu'est-ce qu'un rhume ?

Extrêmement contagieuse, cette affection virale bénigne qui touche les voies respiratoires supérieures est hélas très courante. Elle s'attrape au contact de personnes ou d'objets infectés. L'alternance du chaud et du froid facilite également la transmission du virus, surtout si l'organisme est déjà un peu affaibli.

Éternuements, maux de gorge, toux, écoulement nasal, nez bouché, mal de tête, état fiévreux et fatigue en sont les premiers symptômes.

Au-delà de 15 jours de rhume, surtout si les symptômes s'aggravent, il est fortement conseillé de consulter. Un rhume mal soigné peut entraîner otites, sinusites ou bronchites.

Lutter contre le rhume

Il faut agir vite !

Dès les premiers éternuements, prenez immédiatement 2 g de vitamine C, puis lavez-vous le nez deux ou trois fois par jour soit avec du sérum physiologique, soit avec un spray à base de sérum marin. Complétez le traitement à l'aide d'un comprimé de paracétamol ou d'aspirine.

N'hésitez pas non plus à verser sur un coin de votre oreiller quelques gouttes d'huile essentielle de niaouli, un puissant antiseptique et antiviral.

Si ce traitement ne suffit pas à enrayer le rhume, il faudra continuer à prendre chaque jour pendant 5 à 6 jours 1 g de vitamine C, en comprimés effervescents ou à sucer.

Si vous voulez bien dormir, et ce n'est jamais facile quand on est enrhumé, ne prenez surtout pas de vitamine C après 17 heures !

Bien entendu, les antihistaminiques ou encore les médicaments anti-rhume sont essentiels au traitement de cette maladie. **Mais seul le** médecin ou le pharmacien peuvent vous les prescrire ou vous les conseiller.

Les germes responsables du rhume sont très contagieux, la moindre des choses est d'éviter de les transmettre aux autres :
— en refusant les manifestations de tendresse et les embrassades ;
— en préférant les mouchoirs en papier à ceux en tissu ;
— en jetant les mouchoirs après chaque utilisation ;
— en se lavant les mains souvent, surtout après s'être mouché

Pour éviter l'aggravation de la maladie, il est conseillé :
— de ne pas surchauffer la chambre où l'on dort, mais au contraire de l'aérer ;
— d'humidifier l'air de la chambre ;
— d'assainir l'atmosphère à l'aide d'encens, de papier d'Arménie, de brumes aromatiques ou d'huiles essentielles ;
— de laver son nez plusieurs fois par jour ;
— de se moucher au lieu de renifler, en soufflant bien, une narine après l'autre. Ainsi les virus et les bactéries présents dans le nez ne remonteront pas vers les sinus ;
— d'arrêter de fumer ;
— d'alléger ses repas, en privilégiant les fruits, les légumes, les tisanes et en évitant les produits laitiers et les aliments trop gras ;
— de se reposer ;
— de boire beaucoup : de l'eau, des tisanes ou des jus de fruits.

COMBATTRE LE RHUME

L'inhalation
Versez dans une casserole d'eau bouillante quelques gouttes d'huile essentielle d'eucalyptus, de thym ou de romarin (ce sont de puissants antiseptiques), placez votre nez au-dessus de la casserole, la tête recouverte d'un torchon (faites attention, quand même, à ne pas vous brûler !), puis, durant une dizaine de minutes, respirez à fond la vapeur.

La tisane
Pour vous aider également à lutter contre l'infection, buvez des tisanes de niaouli, en en diluant 2 à 5 gouttes dans 1 cuillerée à café de miel et en versant de l'eau chaude par-dessus.

Le remontant
Jetez dans 50 cl d'eau 1 morceau de cannelle et 2 clous de girofle. Faites bouillir pendant 10 minutes, puis ajoutez le jus de 1 citron, 1 cuillerée à thé de miel (d'acacia) et 1 cuillerée à soupe de rhum. Buvez chaud.

Le grog
Versez dans un verre 1 cuillerée à café de jus de citron, 1 rondelle de citron, 1/2 cuillerée à soupe de miel et 2 cuillerées à soupe de rhum. Ajoutez de l'eau bouillante. Buvez rapidement.

L'assainissement de l'air
Versez sur une serviette-éponge humide, que vous placerez sur un radiateur, quelques gouttes d'huile essentielle d'eucalyptus.

Vous pouvez aussi verser dans une casserole 50 cl d'eau, une belle poignée de feuilles d'eucalyptus, porter à ébullition quelques minutes, puis laisser la casserole sur un radiateur chaud.

Combattre le rhume en se lavant le nez

Versez 1 litre d'eau chaude dans une bouteille, ajoutez 2 cuillerées à soupe de gros sel et 1 grosse cuillerée à café de bicarbonate de soude. Fermez la bouteille et secouez-la afin de bien mélanger le tout. Remplissez une poire ou un gros compte-gouttes avec cette solution, et, au-dessus d'un lavabo, tandis que vous vous bouchez une narine avec un doigt, instillez le liquide dans l'autre, la tête légèrement inclinée en arrière, et aspirez l'eau. N'hésitez pas à recracher la solution si elle coulait dans la gorge. Mouchez-vous. Recommencez l'opération, une narine après l'autre, quatre fois par jour, et surtout avant de vous coucher.

Cette solution peut être remplacée par du sérum physiologique additionné d'eau argileuse et de quelques gouttes de citron. Mouchez-vous soigneusement après le lavage.

Soulager les bébés enrhumés

Les bébés et les petits enfants ne peuvent pas se moucher. En cas de rhume, il faut donc les aider. Voici la bonne méthode : placez l'enfant sur le côté, pressez la moitié d'une dose de sérum physiologique dans une narine, l'autre narine se videra.

Faites la même opération avec l'autre narine, en plaçant l'enfant sur l'autre côté.

Si cela ne suffit pas, utilisez une pipette aspirante appelée mouche-bébé. Introduisez-la dans une narine en pinçant l'autre avec un doigt.

Qu'est-ce qu'une sinusite ?

Quand le nez est congestionné, quand il y a un écoulement nasal épais jaunâtre ou verdâtre, quand la douleur irradie vers le front et le pourtour des yeux jusqu'aux dents, et quelquefois jusqu'aux oreilles, il s'agit certainement d'une sinusite.

Les sinus n'arrivent plus à drainer les bactéries qui s'y sont installées et s'y sont développées, provoquant une infection.

Il faut consulter.

COMBATTRE LA SINUSITE

Le cataplasme
En complément du lavage de nez, appliquez un cataplasme d'argile froide le long des ailes du nez et tiède sur le front.

La recette du cataplasme d'argile

Versez de l'argile bien sèche, en poudre ou en fragments, dans un saladier, et ajoutez de l'eau jusqu'à la recouvrir. Remuez à peine car l'argile se dilue toute seule. Couvrez d'un linge propre, puis laissez reposer pendant plusieurs heures, le matin pour le soir, par exemple. À l'aide d'une spatule en bois, mettez l'argile dans un linge en coton, ou mieux une large feuille de chou (si la pâte est trop solide, ajoutez un peu d'eau, si elle est trop liquide, un peu d'argile), fermez soigneusement ce paquet, qui aura une épaisseur de 1 à 2 cm.

L'inhalation

Dans un saladier, versez 2 litres d'eau bouillante, ajoutez 5 gouttes d'huile essentielle d'eucalyptus, 2 gouttes d'huile essentielle de menthe poivrée. Placez votre visage au-dessus de la vapeur, sous une serviette, puis inhalez la vapeur chaude pendant 10 minutes en faisant bien attention de ne pas vous brûler. Les inhalations sont à faire deux fois par jour.

Qu'est-ce qu'un rhume des foins ?

Cette affection qui revient chaque printemps est due à un phénomène d'allergie, aux pollens des arbres et des fleurs. Les symptômes sont ceux du rhume mais s'accompagnent de cernes sous les yeux et de démangeaisons du nez, des yeux et du palais. Ils augmentent lorsque la quantité de pollen dans l'air est à son maximum. La pollution de l'air, les parfums, la fumée du tabac peuvent se révéler des phénomènes aggravants.

À SAVOIR

Dès l'arrivée du printemps, en cas d'allergie au pollen, il est recommandé de se laver les mains, les cheveux, le visage le plus souvent possible et d'utiliser un climatiseur à la maison et dans la voiture. Il faut aussi éviter de sortir les jours où souffle le vent et quand l'air est trop sec.

Seul le médecin peut aider à soigner la rhinite allergique en prescrivant des médicaments comme les antihistaminiques, et, si la maladie est vraiment handicapante, des corticostéroïdes anti-inflammatoires, le plus souvent sous forme de vaporisateur nasal.

SOULAGER LE RHUME DES FOINS

Un mois avant la période du rhume des foins
Buvez, sans dépasser un mois de consommation, 2 à 3 tasses par jour
d'une infusion composée de 2/5 de fleurs de sureau, 1/5 d'euphraise, 1/5
d'hydrastis et 1/5 d'éphédra.

Pendant la période du rhume des foins
Buvez avant chaque repas une infusion d'angélique.
Jetez dans 1 tasse d'eau bouillante 10 g d'angélique (tige, feuilles et
fleurs). Laissez infuser pendant 10 minutes.
Vous pouvez aussi boire, matin et soir, 1 tasse d'infusion de bourgeons de
sapin (40 g par litre).

Quand les premiers symptômes apparaissent
Buvez trois fois par jour une infusion d'ortie.
Jetez dans 15 cl d'eau bouillante de 2 à 5 g de feuilles et de fleurs séchées
d'ortie, puis laissez infuser pendant 10 à 15 minutes.

L'inhalation
Versez 20 g de lavande et 20 g d'euphraise dans un large bol d'eau
bouillante, puis, la tête recouverte d'une serviette, placez-vous au-dessus
du bol et respirez bien les vapeurs durant 10 à 15 minutes.

L'huile de cumin noir (nigelle) en capsule ou en massage
Cette huile, surnommée l'huile des pharaons, est idéale pour apaiser les
allergies respiratoires et l'asthme. On l'avale, sous forme de capsule, une à
trois fois par jour au moment des repas.
On peut également percer les capsules, pour effectuer des massages avec
leur contenu sur le cou et la poitrine.

La perte du goût et de l'odorat

Les rhinites répétées, une sinusite, certains traitements, un gros choc
émotionnel ou une dépression nerveuse peuvent provoquer, du jour au
lendemain, la perte de l'odorat et du goût. Cette affection n'est pas à
prendre à la légère. L'incapacité à distinguer l'odeur du gaz et du brûlé dans

la maison ou le goût des aliments avariés peut se révéler dangereuse pour soi et pour les autres.

Donc, dès les premiers symptômes, n'attendez pas et consultez le plus rapidement possible un ORL.

Le ronflement

Le ronflement touche environ 25 % d'hommes et 15 % de femmes. Après 60 ans, plus de la moitié des personnes ronflent. C'est un problème, car comment dormir quand on produit jusqu'à 60 décibels ?

La plus bruyante des maladies respiratoires est due soit à la vibration du voile du palais, soit à un nez bouché, soit à une cloison nasale déviée, soit encore à une masse graisseuse installée dans les parois de la gorge, ou encore parfois à l'alcoolisme et au tabagisme. Une meilleure hygiène de vie peut donc souvent résoudre cette affection.

Mais si les ronflements devaient gêner le sommeil, et surtout entraîner de dangereux endormissements répétés dans la journée, une consultation chez l'ORL s'impose.

Le nez : en cas d'accident les bons gestes à effectuer

Le corps étranger dans le nez

Votre enfant s'est profondément enfoncé un objet dans le nez ? Même si la tentation est forte de tenter de le sortir à tout prix, ne le faites surtout pas, vous risqueriez de l'enfoncer encore plus profondément. Faites plutôt respirer du poivre à votre enfant. En éternuant, il expulsera l'objet. Si cela ne marche pas, tout en expliquant à l'enfant ce que vous faites, allongez-le, bouchez-lui la narine libre avec un doigt, puis soufflez largement et longuement dans sa bouche, protégée ou non par une compresse. L'objet s'évacuera. **Si aucune de ces méthodes ne fonctionne, n'hésitez pas à vous rendre chez un ORL.**

Le saignement de nez

Il peut être provoqué par un traumatisme, une colère, la rupture d'un petit vaisseau, une affection des fosses nasales, la sécheresse de l'air, le grattage du nez ou par une quelconque affection.

Si vous saignez du nez, ne paniquez pas ! C'est souvent plus spectaculaire que méchant. Gardez votre calme, installez-vous en position semi-allongée, penchez la tête en avant – il est préférable que le sang s'écoule du nez plutôt qu'il ne se verse dans la gorge –, puis pincez la narine qui saigne entre le pouce et l'index. Maintenez cette pression durant 3 à 5 minutes. En général, le saignement s'arrête rapidement. S'il persiste, recommencez pendant un peu plus longtemps à vous pincer le nez.

En cas de saignement persistant, procédez au méchage. Pour cela, mouchez-vous afin d'évacuer d'éventuels caillots de sang, puis introduisez du coton, ou, mieux, des mèches coagulantes dans la narine jusqu'à l'obstruer complètement. Ce coton devra rester en place, sans que vous le touchiez, pendant 24 heures.

Il faut aussi le savoir, le froid a le pouvoir de contracter les vaisseaux et de réduire le flux sanguin : donc n'hésitez pas à appliquer au plus vite une compresse froide ou un sac de glace sur la partie osseuse de votre nez. Si malgré ces soins l'hémorragie tarde à se calmer, appelez en urgence un médecin.

Bien respirer à la maison ou au bureau

Quelques conseils...

La fumée dégagée par le tabac accroît de 20 à 30 % la mortalité par cancer du poumon. Les bougies odorantes masquent l'odeur du tabac froid, mais ne détruisent pas ses effets nocifs.

En France, nous passons environ 80 % de notre temps confinés chez nous. Pour qu'un air de bonne qualité circule dans une maison, il est conseillé :

– d'aérer les pièces au moins une demi-heure par jour ;
– de maintenir la température autour de 18-20 °C et 17-19 °C dans les chambres ;
– d'éviter les fleurs dans les chambres ;
– de réduire l'humidité et les moisissures au minimum ;
– de penser à changer tous les jours les filtres des purificateurs d'air, en sachant que ces appareils ne vous protègent ni des acariens ni de la fumée des cigarettes ;
– de préférer l'aspirateur ou la serpillière humide au balai.

Certains petits purificateurs d'air destinés à masquer les odeurs et à purifier l'air pollué à l'intérieur de nos maisons dégagent de l'ozone, ce qui peut se révéler dangereux pour la santé. Dans une petite pièce insuffisamment aérée, un appareil de ce type qui ne produirait que quelques milligrammes d'ozone par heure peut engendrer un taux d'ozone global (se surajoutant au niveau présent naturellement dans la pièce).
Or l'ozone peut endommager les poumons, causer des douleurs de poitrine, de la toux et autres irritations de la gorge et même aggraver l'asthme des personnes qui y sont sujettes.
Remplacer ces appareils par des épurateurs d'air naturels : les plantes d'intérieurs !
Le chlorophytum est idéal en matière de dépollution intérieure.

Une personne qui fume une douzaine de cigarettes à la maison ou dans un bureau inhale 645 mg de benzène (et en fait profiter ses collègues ou sa famille). Alors qu'en ville, les jours de pollution moyenne, on n'en respire que 160 mg !

Le meilleur purificateur d'air est l'air frais : pensez à ouvrir les fenêtres plusieurs fois par jour à la maison et au bureau.

Arrêter de fumer

Au catalogue des méfaits du tabac figurent plusieurs cancers, celui du poumon, des lèvres, de la bouche, de la gorge, de l'œsophage, du pancréas, de la vessie, du col de l'utérus, mais aussi l'angine, la bronchite, l'artérite, ainsi que plusieurs maladies comme la coronarite ou l'infarctus du myocarde. Un vrai régal !

S'il était écrit sur l'étiquette d'un paquet chocolat « le chocolat tue », jamais plus personne n'en mangerait... et malgré les avertissements imprimés sur les paquets, les fumeurs continuent à fumer. La peur pour la santé n'est donc pas une bonne motivation pour arrêter de fumer. Et pourtant, en France, le tabac tue 70 000 fumeurs par an, c'est-à-dire 8 morts par heure.

Une cigarette, c'est 6 minutes de vie en moins ! Alors, quelle est la bonne méthode pour s'arrêter de fumer ? Tout le monde le dit et le répète : il n'y en a qu'une, la volonté. Mais en fait, il s'agit plutôt de désir et de choix : fumer ou ne pas fumer. Se sevrer des produits chimiques contenus dans le tabac n'est pas le problème. Les spécialistes l'affirment : quand quelqu'un arrête de fumer, au bout de quelques jours, plus aucune trace de nicotine et de ses dérivés n'apparaît dans son sang. L'organisme récupère vite.

En revanche, ce qui demande un certain temps à se modifier, ce sont les automatismes du cerveau. Quand quelqu'un fume beaucoup ou depuis longtemps, le geste de fumer est comme imprimé en lui : le matin en allant au bureau, le soir en regardant la télévision, au moment du café, dans certains lieux, avec certaines personnes... Ces situations déclenchent l'envie d'une cigarette et non pas forcément le besoin de remonter le taux de nicotine dans le sang. Si vous avez vraiment le désir d'arrêter de fumer, il faut donc que vous analysiez précisément toutes les situations, les émotions, les pensées, les sensations et les plaisirs qui sont associés à la cigarette. Accepter de réfléchir à pourquoi et quand vous fumez est la seule bonne méthode pour arrêter de fumer. Mais bien sûr, pour cela aussi il faut être motivé.

Si vous êtes motivé, choisissez une date de début du sevrage, et respectez-la. Ne diminuez pas la consommation de cigarettes, cela ne sert à rien, arrêtez d'un seul coup. Évidemment, si vous êtes essoufflé au point de ne pas pouvoir pratiquer votre sport préféré, si, victime de bronchites à répétition, la cigarette devient âcre et écœurante, il est plus facile d'arrêter. La plupart des fumeurs qui veulent arrêter le font seuls, sans consulter de médecin. D'autres, peut-être plus dépendants de la cigarette, ont besoin d'une aide. Chacun fait comme il le sent...

ASTUCES

ARRÊTER DE FUMER (SANS PRENDRE DU POIDS) DÈS QUE L'ENVIE DE FUMER SE FAIT SENTIR

- *Buvez un grand verre d'eau, une tasse de thé vert, une tisane de valériane ou de plantain (ces deux plantes donnent le dégoût du tabac).*
- *Mâchez un chewing-gum sans sucre, un comprimé de glucose.*
- *Sucez un cachou, un grain de café.*
- *Mâchonnez un bâton de réglisse.*
- *Respirez profondément, allez faire un tour dehors.*
- *Mettez du baume pour les lèvres.*
- *Lavez-vous les dents.*
- *Chouchoutez-vous : allez chez le coiffeur, le masseur ou l'esthéticienne.*
- *Occupez vos mains : lavez-les, faites-vous les ongles, dessinez, jardinez.*
- *Dépensez-vous : dansez, chantez, sautez, faites une balade à vélo, allez à la piscine...*

Les oreilles

Prendre soin de ses oreilles

La plupart d'entre nous ont l'habitude de se laver les oreilles tous les jours, et presque toujours avec un Coton-Tige : c'est une erreur ! Nous pouvons risquer des obstructions et des infections.

Il faut donc que nos habitudes changent .

• L'utilisation du Coton-Tige est tolérée, mais pas plus d'une fois par mois, et à condition de ne jamais l'enfoncer dans le conduit auditif.

• Pour nettoyer le pavillon, l'utilisation du gant de toilette ou de l'index entouré d'une serviette-éponge est recommandée.

• Mais surtout, les ORL insistent pour que nous prenions bien le temps de sécher nos oreilles après le bain, la douche et surtout les bains en piscine. Les milieux humides sont propices aux bactéries, aux champignons, au psoriasis et à l'eczéma.

Les nettoyages trop fréquents ou trop appuyés risquent de :

– repousser le cérumen contre le tympan ;

– décaper le conduit auditif, ce qui pourrait provoquer des démangeaisons, puis des otites ;

– provoquer des blessures du tympan.

Le cérumen

Graisse jaunâtre, le cérumen, très utile, a plusieurs fonctions :

– il protège la peau du conduit auditif d'une éventuelle pénétration d'eau

– il constitue une barrière aux infections
– il sert à lubrifier le tympan, qui sans lui deviendrait rigide et n'assurerait plus sa fonction de transmission du son.

La règle est de ne jamais mettre dans l'oreille quelque chose de plus petit que l'extrémité de l'auriculaire.

Soulager les oreilles bouchées ou douloureuses

Les oreilles bouchées

Nous fabriquons tous du cérumen, mais certains en fabriquent plus que d'autres. Quelquefois, vous avez beau bâiller ou mâcher un chewing-gum, une pression se fait ressentir au niveau des oreilles. Si cette sensation apparaît lors d'un rhume, il y a de grandes chances pour qu'elle disparaisse après quelques jours.

Mais si vous ne sentez pas d'amélioration après ce refroidissement, si vos oreilles sont très bouchées, au point que vous souffriez de surdité, de vertiges ou de bourdonnements, **vous devez consulter en urgence.**

DÉBOUCHER SOI-MÊME SES OREILLES

• *À l'aide d'une petite poire, injectez dans votre oreille, durant quelques jours de suite, de l'eau bouillie refroidie mélangée à de l'eau oxygénée, en dirigeant le jet énergiquement vers le haut et l'arrière de l'oreille et en tirant éventuellement le pavillon de l'oreille dans le même sens.*

• *Versez dans l'oreille quelques gouttes d'alcool borique, puis entrez délicatement dans le conduit auditif une mèche spécialement conçue à cet effet (en vente en pharmacie) que vous imbiberez également d'alcool borique. Procédez ainsi pendant quelques jours de suite. Dès que le bouchon sera ramolli, rincez à l'aide d'une petite poire remplie d'eau minérale.*

Les oreilles bouchées en avion

Pour éviter d'avoir les oreilles bouchées en avion, il faut fermer la bouche, pincer le nez et souffler fort ou déglutir.

Les oreilles douloureuses après la baignade

Protégez vos oreilles quand vous vous baignez, surtout si vous êtes candidat aux maux d'oreilles. Mettez des boules Quies® !
S'il arrive, après de longues baignades, qu'une oreille soit un peu douloureuse, laissez couler à l'intérieur quelques gouttes d'alcool à 70°. Grâce à cela, l'oreille sera bien asséchée et bien désinfectée.

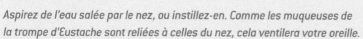

*Il est recommandé de consulter un médecin avant de faire de la plongée !
Une infection ORL non décelée peut engendrer une tension au niveau des
tympans qui risque d'entraîner un déchirement.
Si vous faites de la plongée, sachez qu'il est interdit de prendre l'avion dans
les 12 heures qui suivent une plongée. En effet, l'altitude favorise les
accidents de décompression. Une bulle d'azote mal éliminée peut, en se
coinçant, entraîner une surdité ou, plus grave encore, un accident vasculaire.
Il est également obligatoire de passer une visite médicale annuelle pour le
parachutisme. Si vous êtes tenté par cette activité, sachez que le largage
s'effectue à bord d'un avion non pressurisé (à la différence des avions de
ligne). Assurez-vous que vos oreilles peuvent supporter la décompression.
Par exemple, dans un avion pressurisé volant à 4 000 m, la pression est la
même que si vous vous trouviez en montagne à 800 m d'altitude. Ce n'est
pas le cas dans un avion de largage de parachutisme, où la pression dans
l'avion est la même qu'à l'extérieur, quelle que soit l'altitude.*

IL FAUT CONSULTER UN ORL

- *Si vos oreilles vous font souffrir.*
- *Si une démangeaison dans vos oreilles devient insupportable.*
- *Si une rougeur apparaît derrière une oreille.*
- *Si une de vos oreilles saigne.*
- *Si votre audition diminue.*
- *Si vous entendez des bruits dans vos oreilles.*
- *Si vous avez des vertiges.*
- *Si après, la pose de boucles d'oreilles, l'infection ne disparaît pas.*
- *Si un corps étranger est entré dans le conduit auditif.*

La surdité et les prothèses auditives

La dégradation de l'acuité auditive est progressive, pour devenir vraiment
gênante à partir de 70 ans.

La surdité débute par une baisse de l'intelligibilité de la parole et la difficulté
à distinguer ce que dit quelqu'un au milieu d'autres personnes qui parlent.

Dès les premières manifestations de problèmes de l'audition, il faut consulter sans attendre que le déficit auditif soit trop important.

L'ORL pourra prescrire des traitements capables de ralentir l'évolution naturelle du vieillissement de l'oreille. En cas d'échec, il faudra pallier le déficit par une prothèse. L'audioprothésiste réalisera un bilan audiométrique, puis réglera sur vous une prothèse. Il est fortement recommandé d'essayer pendant plusieurs jours une prothèse avant de l'acheter.

Aujourd'hui, grâce à la miniaturisation des systèmes d'appareillage, les prothèses sont quasi invisibles.

LES VICTIMES D'ACOUPHÈNES SONT DE PLUS EN PLUS JEUNES !

On appelle acouphènes une sensation auditive anormale, des sons internes parasites qui sont soit des pulsations, soit des sifflements, soit des cliquetis, des bourdonnements, des grésillements, des sifflements, le bruit de l'eau qui coule ou des chuintements.

Ces sons, les personnes qui souffrent d'acouphènes les entendent en permanence, nuit et jour, dans leurs oreilles, car elles les génèrent elles-mêmes. Pour beaucoup, il s'agit d'un véritable enfer.

D'après le site FRANCE ACOUPHÈNES, il y aurait « 6 millions d'acouphéniques en France. 1,6 million d'entre eux qualifient leurs acouphènes d'agressifs, 300 000 utilisent l'adjectif "intolérables" ».

L'apparition de ces bruits peut survenir à l'occasion d'une exposition excessive au bruit (concert, baladeur, marteau-piqueur...) ou à la suite d'un fort choc émotionnel.

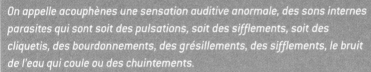

Les précautions à prendre en se faisant percer les oreilles

Le spécialiste que vous aurez choisi, si possible un médecin, passera avant un gel anesthésiant sur vos lobes, puis les percera à l'aide d'un pistolet. Ensuite, il posera des boucles provisoires, sans doute d'un diamètre légèrement plus important que celui des boucles d'oreilles que vous porterez ensuite. Ces boucles d'oreilles seront à garder un mois environ, le temps que les petits trous cicatrisent. Tant que la cicatrisation n'est pas totalement achevée, il ne faudra pas les retirer. Sinon, les trous se reboucheraient et il faudrait recommencer.

IL NE FAUT PAS SE FAIRE TROUER LES OREILLES PAR N'IMPORTE QUI

Il faut le savoir, cette pratique peut se compliquer d'une infection virale du type hépatite B, C ou VIH. Donc, avant toute chose, assurez-vous de la réputation de l'établissement où vous comptez vous rendre.

Si vous constatez que les instruments de la personne qui va procéder à cette opération ne sont pas emballés hermétiquement, si la propreté des lieux laisse à désirer, si elle ne désinfecte pas soigneusement la peau avant de procéder, n'hésitez pas, partez en courant ! Et cherchez un autre établissement !

Éviter une infection après la pose de boucles d'oreilles provisoires

Nettoyez les oreilles (avec des mains propres, préalablement lavées à l'eau chaude avec un savon antibactérien) matin et soir, pendant toute la période de guérison, d'abord à l'aide d'une compresse d'eau tiède, ensuite avec une autre compresse imbibée de savon non parfumé et antiseptique. S'il faut retirer des croûtes, utilisez un Coton-Tige, jamais les ongles. Attendez au moins 1 minute, pour que l'eau savonneuse pénètre bien, puis rincez et enfin, à l'aide d'une autre compresse, séchez. Finissez l'opération en faisant délicatement tourner la boucle d'oreille pour ôter les impuretés collées sur le bijou, à l'intérieur des chairs.

Le soir au coucher, appliquez sur les lobes durant quelques minutes une compresse d'eau salée (1 pincée de sel par tasse d'eau chaude), cela accélérera la guérison et calmera l'irritation. Rincez et séchez.

L'or (14 carats au minimum) et l'argent de première qualité constituent le meilleur moyen d'éviter les infections et les allergies. Toutefois, aucun métal n'est totalement antiallergique.

Si malgré ces soins une infection se déclare, retirez les boucles d'oreilles pendant quelques jours et désinfectez les lobes avec un antiseptique pour la peau, une crème antibiotique ou un savon antibactérien. Dès que l'infection est circonscrite, recommencez à porter vos boucles d'oreilles, préalablement nettoyées avec un antiseptique.

Si les symptômes réapparaissent, c'est qu'il s'agit d'une allergie au métal. Essayez une autre boucle, dans un autre métal.

Certains produits comme l'alcool, l'eau oxygénée ou quelques pommades sont à proscrire car ils risqueraient de ralentir la cicatrisation.

Le petit objet ou insecte dans l'oreille

L'important est de rester calme ! Il s'agit d'un incident bénin qui n'entraînera certainement rien de grave.
S'il s'agit d'un petit objet, le plus souvent enfoncé dans l'oreille d'un enfant, il ne faut pas tenter de l'extraire vous-même, vous risqueriez d'endommager le tympan, mais demander à un médecin de le faire. Il possède les instruments adaptés à ce genre de problème.

S'il s'agit d'un insecte, il ne faut pas non plus tenter de le retirer. En revanche, il faut l'éliminer. Pour cela, il est conseillé de coucher sur le côté la victime, puis de verser dans son oreille de l'eau tiède ou, mieux, de l'huile utilisée pour la cuisine. Après quelques minutes, l'insecte sera noyé, et soit il remontera à la surface, soit il ne restera plus au médecin qu'à le déloger.

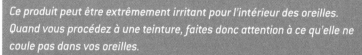

ATTENTION À LA TEINTURE À CHEVEUX !

Ce produit peut être extrêmement irritant pour l'intérieur des oreilles. Quand vous procédez à une teinture, faites donc attention à ce qu'elle ne coule pas dans vos oreilles.

La bouche

Les lèvres

Les lèvres sont naturellement recouvertes d'une couche protectrice de gras. Leur déshydratation peut entraîner la perte de cette couche protectrice et causer un dessèchement. Elles peuvent alors se couvrir de petites peaux mortes qui se soulèvent et se détachent, entraînant la formation de fissures plus ou moins profondes. Il s'ensuit des rougeurs ainsi qu'une irritation parfois accompagnées de la formation de croûtes. Ces gerçures peuvent causer des démangeaisons et de l'inconfort. Il arrive parfois même qu'elles s'étendent autour des lèvres ou encore qu'elles persistent pendant plusieurs semaines, voire plusieurs mois.

Apaiser les lèvres gercées

Remplacez le baume pour les lèvres par du miel. Étalez-le bien puis laissez agir. Vous pouvez aussi ajouter de l'huile d'olive vierge extra à du miel et en enduire vos lèvres. Laissez agir pendant au moins un quart d'heure.

Atténuer les rides autour des lèvres

Massez régulièrement le contour de vos lèvres avec un baume à la propolis.

Des lèvres plus douces

Enlevez les peaux mortes des lèvres en les brossant, le matin, avec votre brosse à dents.
Vous pouvez aussi mettre un peu de sel dessus, mouiller votre index puis, avec des mouvements circulaires, frotter vos lèvres. Rincez bien.

Des lèvres plus roses

Trempez vos lèvres dans un verre d'eau minérale pendant un petit quart d'heure. Essuyez vos lèvres, puis passez dessus de la pommade camphrée. Laissez agir pendant un quart d'heure et enduisez vos lèvres de glycérine.

ASTUCES

LES TRUCS DE MAQUILLAGE

Une meilleure tenue du rouge à lèvres
Poudrez vos lèvres avant d'appliquer votre rouge à lèvres ou étalez dessus

un peu de fond de teint : le rouge tiendra mieux.

Appliquez le rouge à lèvres avec un pinceau. L'application sera plus précise, mais surtout ce sera plus hygiénique.

Trop de rouge à lèvres
Si votre rouge à lèvres a débordé, retirez l'excédent à l'aide d'un Coton-Tige, puis poudrez les lèvres et appliquez à nouveau, mais correctement, le rouge à lèvres.

L'application du rouge à lèvres avec un pinceau est plus précise, donc recommandée.

Des lèvres trop épaisses
Évitez un rouge à lèvres foncé ou nacré et préférez une couleur claire le plus proche possible de votre carnation.

Des lèvres trop minces
Redonnez-leur du relief et de l'épaisseur en soulignant leur contour extérieur (n'hésitez pas à tricher légèrement) à l'aide d'un crayon à la pointe arrondie. Évitez les traits pointus, qui durcissent les traits, et choisissez un crayon d'un ton à peine plus foncé que votre rouge, si possible brillant.

Donner du relief à ses lèvres
Appliquez au pinceau ou au doigt une petite touche de gloss au centre de vos lèvres.

Bien choisir la couleur de son rouge à lèvres
Les tons de mauve ou de violet font paraître les dents plus jaunes et durcissent les traits.

Les rouges à lèvres mats et foncés donnent un teint pâle et vieillissent.

L'allergie à un rouge à lèvres
Si, juste après l'application d'un nouveau rouge, les lèvres vous brûlent et vous démangent, n'hésitez pas et passez immédiatement dessus un coton imbibé de démaquillant. Ne vous rincez pas la bouche avec de l'eau du robinet, qui risquerait de vous irriter, mais préférez de l'eau minérale. Et rapportez le rouge à lèvres, si possible dans son emballage d'origine,

à la parfumerie où vous l'avez acheté. Non seulement on vous le remboursera, mais le laboratoire pourra étudier la cause du problème.

Le maquillage permanent des lèvres

Il s'agit d'un tatouage du contour de la bouche et d'une coloration des lèvres. Cette technique, qui s'effectue dans des instituts spécialisés, est surtout utile pour cacher une cicatrice, équilibrer des lèvres asymétriques ou donner du volume aux bouches trop minces.
La technique de remplissage des lèvres accentue la couleur d'origine mais ne donne pas l'impression d'un rouge à lèvres. La bouche reste mate.

Pensez à désinfecter régulièrement vos pinceaux à lèvres avec un coton imbibé d'alcool. Non seulement votre maquillage sera plus précis, car les poils seront débarrassés du surplus de rouge à lèvres, mais un risque de contamination sera évité. Renouvelez le coton autant que nécessaire, puis laissez sécher le pinceau à l'air libre.

Le bouton de fièvre

Malheureusement, l'herpès revient tout au long de la vie des personnes qui en sont infectées. La transmission s'effectue le plus souvent quand, autour de la bouche, apparaît une éruption plus ou moins étendue de petites vésicules contenant un liquide clair. Ces vésicules, picotent, brûlent et démangent, sèchent et guérissent en quelques jours sans laisser de marques.
Les facteurs déclenchant les poussées d'herpès peuvent être le stress, la grippe, une grande fatigue, la lumière du soleil, certains aliments (cacahuètes, amandes, noix du Brésil, noix de cajou, noix de pécan, noix de Grenoble, noisettes, chocolat, gélatine, ou encore beurre d'arachide). Les sujets susceptibles d'avoir ce genre d'éruption devraient s'abstenir d'en manger. Le café et l'alcool ne sont pas non plus recommandés.
Mais c'est aussi une maladie très contagieuse. Les baisers, les rapports sexuels, le cunnilingus et la fellation peuvent transmettre le virus de l'herpès buccal. D'autant que l'infection ne se transmet pas forcément quand

l'éruption est présente, quelqu'un porteur du virus de l'herpès peut transmettre l'herpès même en l'absence d'éruption visible.
Seul le médecin peut prescrire des médicaments pouvant enrayer cette maladie.

PRÉCAUTIONS À PRENDRE DÈS LES PREMIERS SYMPTÔMES

- *Enduisez le pourtour de vos lèvres, à l'aide d'un Coton-Tige que vous jetterez après usage, d'une crème antivirale prescrite par votre médecin.*
- *Appliquez sur l'éruption un sac en plastique rempli de glaçons.*
- *N'embrassez plus personne, et surtout pas vos enfants.*
- *Ne grattez pas les boutons, ne les touchez pas.*
- *Si jamais vous les touchiez, lavez-vous soigneusement les mains.*
- *Redoublez de vigilance si vous portez des lentilles.*
- *Évitez les rouges à lèvres, les baumes en stick.*
- *Évitez d'exposer vos lèvres au soleil.*

DÈS LA DISPARITION DES CROÛTES

- *Appliquez plusieurs fois par jour, à l'aide d'un Coton-Tige que vous jetterez après usage, la crème désinfectante prescrite par votre médecin.*

APAISER UN BOUTON DE FIÈVRE

- *Frottez le bouton avec une gousse d'ail coupée en deux.*
- *En faisant attention à ne pas vous brûler, approchez la zone infectée d'une ampoule électrique allumée ou du bout incandescent d'une cigarette (à la température de 60 °C environ), à trois reprises, pendant 20 à 30 secondes à chaque fois. Comme par miracle, l'herpès disparaîtra dans la journée.*
- *Passez sur le bouton un Coton-Tige imbibé de vaseline ou un Coton-Tige imbibé de 1 ou 2 gouttes d'huile essentielle de niaouli. Répétez cette application plusieurs fois dans la journée et le lendemain si nécessaire.*

Les aphtes

Les aphtes, plus ou moins gros, plus ou moins nombreux, sont des petites ulcérations blanchâtres entourées d'une zone un peu rouge.

Bénins mais toujours gênants, quelquefois douloureux, dans la bouche, ils sont localisés sur la langue ou sur la face interne des joues, parfois même sur les gencives. Le stress, le surmenage, les chocs émotifs, certains médicaments, une petite blessure, une infection ou encore quelques aliments comme les noix, les noisettes, les fraises, le poivre, la moutarde, le gruyère, la friture, les tomates, le raisin ou encore les crustacés peuvent en être la cause.

Les aphtes ne sont pas contagieux, et rien n'empêche de bien vous laver les dents, au contraire. Il est même conseillé, en cas d'aphtes, de pratiquer des bains de bouche régulièrement. L'alcool à 90° ou à 70° et n'importe quel autre désinfectant sont très efficaces sur les aphtes. Des antiseptiques et des anesthésiques locaux pourront également vous soulager.

En cas de fréquentes récidives, surtout si les aphtes sont nombreux et s'accompagnent de fièvre et de ganglions, n'hésitez pas à consulter.

SOULAGER LA DOULEUR

- *Sucez un morceau de racine de guimauve.*
- *Appliquez sur les aphtes pendant quelques minutes un sachet de thé noir humidifié dans l'eau bouillie refroidie. Le tanin du thé est astringent et analgésique.*
- *Gargarisez-vous avec 1/2 verre d'eau tiède additionnée de 1 cuillerée à café de bicarbonate de soude.*
- *Passez sur les aphtes un Coton-Tige imbibé d'acide lactique.*

L'hygiène de la bouche

Mâchez tous les jours, après chacun des trois repas, 1 g de propolis. La propolis est vendue sous forme de tablettes. Mâchez-la longuement, pendant une demi-heure au moins, comme si c'était un chewing-gum.

LE GARGARISME ET LE BAIN DE BOUCHE

Le bain de bouche
Versez dans de l'eau bouillante (frémissante) des fanes de carottes (1 poignée de fanes pour 2 verres d'eau). Laissez tiédir.

Le gargarisme
Mélangez 1 cuillerée à café d'argile verte en poudre, 2 gouttes d'essence de girofle et 2 gouttes d'essence de sauge. Gargarisez-vous matin et soir.

Le piercing sur la langue

Après la pose du piercing, et durant au moins 6 semaines, après chaque repas, gargarisez-vous avec un rince-bouche sans alcool.
Ne mangez pas n'importe quoi, et en particulier évitez les épices et les produits laitiers. Si la langue est enflée, laissez fondre un glaçon dans la bouche.

La mauvaise haleine

Un dysfonctionnement digestif gastrique, hépatique ou intestinal, de la gorge, un manque de salive ou une mauvaise hygiène dentaire peuvent être responsables de la mauvaise haleine. Mais ce problème peut également être dû à l'abus d'épices, à la consommation d'ail ou d'oignons, à la prise de certains médicaments, à l'alcool et au tabac.
Seul le médecin, après consultation, pourra en déterminer l'origine.

ASTUCES

MASQUER LA MAUVAISE HALEINE

Mâcher lentement
• *Tous les jours, après chacun des trois repas, 1 g de propolis.*
• *Du persil. Antiseptique, il élimine les bactéries de la bouche.*
• *Des grains de café, de la badiane étoilée ou du cumin.*
• *Des épinards crus.*

Pratiquer
• *Des bains de bouche d'eau tiède additionnée de quelques gouttes d'huile essentielle d'anis, de girofle ou de menthe.*
• *Des bains de bouche avec une décoction de thym.*
• *Des bains de bouche d'eau tiède additionnée de bicarbonate de soude.*
• *Des gargarismes avec une infusion de verveine.*
• *Le grattage de la langue avec un grattoir en plastique (en vente en pharmacie).*

Que faire en cas de morsure aux lèvres ou à la langue ?

Vous vous êtes sérieusement mordu les lèvres ou la langue et votre bouche saigne ? Arrêtez au plus vite le saignement en pressant un linge propre sur la morsure. Si vos lèvres ou votre langue enflent, appliquez dessus une compresse froide.
Si le saignement persiste : allez très rapidement aux urgences de l'hôpital.

Les dents et les gencives

L'art de bien se brosser les dents

Deux fois par jour ou, mieux, après chaque repas, pendant au moins 3 minutes, passez devant et derrière les dents, de haut en bas, sans oublier les gencives, une brosse à dents souple bien fournie en poils, imbibée de dentifrice, si possible au fluor.

Ne mouillez pas la brosse à dents avant ! En la ramollissant, vous diminueriez son action.

Effectuez des petits mouvements rotatifs très lents, en insistant sur l'intérieur de la bouche.

Et pour compléter ce brossage, tous les soirs, avant de vous coucher, passez dans chaque interstice entre vos dents des cure-dents en bois ou du fil dentaire.

Les caries

Les caries sont des trous dans les dents. Si vous attendez trop pour consulter un dentiste, non seulement vous risquez de souffrir, mais les dents peuvent s'abîmer, au point que le dentiste soit obligé de les extraire.

Une alimentation trop riche en sucre (et surtout en sucre blanc) et une mauvaise hygiène de la bouche et des dents provoquent la carie dentaire.

DU CHEWING-GUM CONTRE LES CARIES

La salive joue un rôle de protection contre les bactéries. Mâcher du chewing-gum (sans sucre) stimule les glandes salivaires, ce qui est excellent contre les caries.

La plaque dentaire

La plaque dentaire, formée de microbes et de débris d'aliments, apparaît à la jonction des dents et des gencives. Si elle n'est pas éliminée grâce à une hygiène régulière, elle durcit et se transforme en tartre, ce qui risque de provoquer à la longue des caries et de graves problèmes de gencives. Les bactéries regroupées en plaque dentaire disparaissent avec de bons brossages des dents.

LES BROSSES À DENTS ÉLECTRIQUES

L'Association dentaire française l'affirme : le brossage électrique élimine mieux la plaque dentaire et protège mieux les gencives que le brossage manuel. Il est seulement conseillé de se munir de têtes souples et de les changer souvent.

Avoir de belles dents blanches

Il n'est pas possible de changer la couleur de l'émail des dents, il est simplement possible de tenter d'atténuer les taches provenant de dépôts de plaque dentaire, de café, de colorants alimentaires ou autres... Mais ceci est du domaine du chirurgien-dentiste. C'est à lui d'effectuer ce nettoyage en profondeur.

BLANCHIR ET DÉTARTRER LES DENTS

Remplacez votre dentifrice par :
- Une fraise écrasée (deux ou trois fois par semaine).
- Du dentifrice additionné de quelques gouttes de citron ou de gros sel.
- Une feuille de sauge fraîche, du côté velouté (une fois par semaine).
- De l'huile d'olive vierge extra. Laissez le plus longtemps possible l'huile dans la bouche.
- Du savon de Marseille (humidifiez votre brosse à dents et frottez-la sur le savon jusqu'à ce qu'elle soit couverte d'une couche assez épaisse).
- Le zeste de 1 citron (deux fois par semaine).
- 1/2 citron (n'oubliez pas d'en frotter les gencives).
- Du bicarbonate de soude, ou saupoudrez-en votre dentifrice.
- Un mélange de miel liquide et de charbon de bois très finement broyé.
- Une brosse à dents imbibée d'un mélange composé de jus de pomme naturel, de farine d'orge et de 1 pincée de sel marin (matin et soir).
- Une préparation composée de 30 g d'anis, 10 g de girofle et 5 g de cannelle. Enfermez les plantes dans une mousseline, puis versez sur le tout 4 gouttes d'huile essentielle de menthe et 50 cl d'eau-de-vie. Laissez macérer pendant une semaine. Filtrez et versez dans une bouteille. Ce dentifrice maison est également un antiseptique naturel pour dents et gencives.

LE MEILLEUR DENTIFRICE DU MONDE

Il n'y a rien de mieux pour nos dents que l'argile verte !
Trempez votre brosse à dents dans une pâte composée d'argile verte additionnée d'eau. Frottez et rincez. Les dents seront blanches, l'haleine fraîche ! Que demander de plus ?

L'utilisation de certains dentifrices blanchissants ne doit pas être quotidienne. Trois fois par semaine, cela suffit amplement. Trop agressifs, ces dentifrices sont mauvais pour la santé des dents. À la longue, ils risquent de provoquer une abrasion de la dentine et une rugosité de la surface dentaire.

Soulager les poussées dentaires du petit enfant

L'apparition des dents chez le bébé peut survenir entre le 3e et le 12e mois. Elle est souvent douloureuse, et s'accompagne d'une salivation importante, d'une inflammation des gencives et parfois de fièvre. Le bébé pleure et ses joues sont rouges.

Soulagez la douleur de l'enfant grâce à des anneaux de dentition, à des petits jouets en plastique mou qu'il pourra mâchouiller ou à un massage des gencives avec un gel apaisant.

Éviter les maladies des gencives

Les problèmes de gencives peuvent se manifester à tout âge. Le plus souvent, ils se développent lentement et sans douleur, sans qu'aucun symptôme ne se présente, et peuvent être à l'origine de la perte des dents. En effet, une mauvaise hygiène dentaire, cause de la formation de la plaque dentaire, cette pellicule collante et invisible, chargée de bactéries, qui se dépose chaque jour sur les dents, favorise l'infection du point d'attachement des dents aux gencives.

Si vos gencives tournent légèrement du rose au rouge ou saignent quand vous vous brossez les dents, consultez au plus vite votre dentiste.

Il n'y a qu'une façon de prévenir et de soigner les maladies des gencives : une bonne hygiène ! Brossez-vous les dents après chaque repas, passez de la soie dentaire tous les soirs entre vos dents, et surtout consultez votre dentiste régulièrement.

Certains médecins et scientifiques pensent que les dents dévitalisées sont de véritables foyers de bactéries et de toxines, et qu'elles sont à l'origine de maladies comme le mal de dos, la dépression, l'asthme, les allergies, les vertiges ou les pertes de mémoire...

La gingivite

Une mauvaise hygiène, le stress, la cigarette, certaines maladies ou une carence vitaminique peuvent provoquer une gingivite. Une gingivite est une inflammation de la gencive. Parfois celle-ci se rétracte, découvrant les collets des dents, parfois elle devient rouge, enfle, saigne et est douloureuse. Cette infection peut donner une haleine désagréable et un goût de métal dans la bouche.

Examinez toujours vos gencives avec soin !

Si vous voyez quoi que ce soit d'inhabituel, une légère enflure ou une décoloration, un peu de sang sur votre brosse, même si vous ne souffrez pas, n'hésitez pas, consultez un dentiste.

Brossez-vous les dents avec soin, mais n'utilisez pas une brosse à dents trop dure et n'effectuez pas de brossage trop énergique.

S'il y a infection, n'utilisez que des brosses à dents jetables, et changez-en tous les jours.

Les maladies des gencives sont à prendre au sérieux, elles peuvent être à l'origine de graves maladies.

Consultez votre dentiste tous les ans, ou, mieux, deux fois par an. Il pratiquera un détartrage-polissage qui éliminera la plaque dentaire, et examinera votre denture.

Petits accidents avec les dents

Un objet coincé entre les dents

Ne vous servez pas d'une épingle ou d'un objet pointu ! L'un comme l'autre pourrait blesser la gencive ou égratigner la surface des dents. Préférez le fil de soie dentaire.

DENT DÉCHAUSSÉE APRÈS UN ACCIDENT

Si on a la possibilité de se rendre dans les minutes qui suivent l'accident chez son dentiste, avec la dent, il peut tenter de la réimplanter pour lui faire reprendre racine.

La perte d'une obturation (amalgame)

Protégez la dent en bouchant la cavité avec du chewing-gum sans sucre ou, mieux, de la propolis en pâte à mâcher.
Et surtout, prenez rendez-vous au plus vite avec votre dentiste.

EN ATTENDANT LE RENDEZ-VOUS CHEZ LE DENTISTE, SOULAGER :

Une névralgie dentaire
Imbibez une petite boule de coton d'eau-de-vie, puis enfoncez-la délicatement dans l'oreille, du côté où vous souffrez.

Une affection dentaire
Mâchez le plus lentement possible, après les trois repas, 1 g de propolis sous forme de pâte à mâcher.

Une arthrite dentaire (sans abcès)
Pratiquez un bain de bouche composé de 2 doses. Laissez dans la bouche pendant un quart d'heure avant de recracher.

Des maux de dents
Versez dans un bol d'eau chaude quelques gouttes d'huile essentielle de
girofle et de camomille. Trempez une compresse de coton dans cette
solution et appliquez aussitôt sur la gencive.

Vous pouvez aussi placer 1 clou de girofle sur l'endroit douloureux
ou appliquez sur la dent, comme un plombage, une pâte composée
de feuilles de mimosa, soigneusement lavées et réduites en poudre.

Contre le déchaussement
Trois fois par jour, frottez votre brosse à dents humide sur un morceau de
savon de Marseille. Brossez-vous soigneusement les dents et rincez.
Trempez à nouveau votre brosse dans de l'argile verte. Brossez-vous les
dents et rincez à nouveau. Pratiquez un bain d'eau salée.

Le dentier

C'est un appareil amovible qui remplace, en haut ou en bas, l'ensemble
des dents perdues.
Les dentistes recommandent :
– de ne pas le porter plus de 8 heures par jour et de le retirer la nuit ;
– de le placer dans un liquide lorsqu'il est hors de la bouche. Asséché, l'appareil subirait une déformation qui le rendrait inutilisable ;
– d'avoir une hygiène buccale impeccable afin d'éviter irritations, ulcérations ou infections. Un massage quotidien des gencives, de la langue, du palais et des joues, avec le doigt mouillé d'eau salée, est préconisé ;
– de bien nettoyer le dentier.

Les effets du tabac peuvent affecter l'aspect et la santé de votre bouche et
de vos gencives et ainsi provoquer à la longue la perte de dents. ATTENTION

Nettoyer un dentier

Quotidiennement, il faut passer sur le dentier une brosse à dents souple
et douce, avec un dentifrice spécialement conçu pour cet usage. Ces

points sont importants, car un dentifrice pour dents naturelles et une brosse trop dure risquent d'accélérer l'usure du dentier.

Tenez fermement le dentier pour l'empêcher de tomber et de se briser. Brossez-le de haut en bas, en n'oubliant aucun endroit. Il est aussi possible de nettoyer un dentier à l'aide de solutions de trempage, de poudres ou de comprimés placés préalablement dans un verre ensuite rempli d'eau tiède.

N'oubliez pas de rincer et même de brosser le dentier avant de le remettre dans votre bouche et de vider et de nettoyer tous les jours le récipient dans lequel vous le mettez à tremper.

Le nettoyage du dentier par trempage se révèle moins efficace que le brossage. L'idéal est d'utiliser l'une et l'autre technique de nettoyage en alternance.

Un dentier très entartré

Si jamais le dentier était très entartré, s'il ne contient aucune pièce en métal, vous pourriez exceptionnellement le faire tremper dans du vinaigre. Si le dentier contient du métal, si vous n'arrivez plus à bien le nettoyer, confiez-le à votre dentiste, il utilisera des appareils à ultrasons.

Un dentier sentant mauvais

Un dentier bien entretenu ne sent pas mauvais. Mais si, par extraordinaire, cela arrivait, à condition qu'il ne contienne aucune pièce en métal, vous pourriez exceptionnellement l'immerger dans une solution composée de 1 part d'eau de Javel pour 4 parts d'eau. Brossez le dentier, puis rincez-le soigneusement.

Il existe dans le commerce un grand échantillonnage de produits performants pour nettoyer les dentiers. Mais si vous n'en aviez plus sous la main, vous pourriez les remplacer par de l'eau de Javel si votre dentier ne contient pas de parties métalliques.

En savoir plus sur les implants dentaires

Les implants, que le dentiste loge à l'intérieur des gencives, dans l'os, remplacent la racine de la dent qui fait défaut. Grâce à cette technique, qui est une véritable révolution, une ou plusieurs dents peuvent être reconstruites.

Une hygiène rigoureuse de la bouche et de ces prothèses est exigée. Sans cette hygiène, les gencives entourant les implants risquent une infection. En cas d'implants, des visites régulières chez le dentiste sont obligatoires.

Les maux de gorge

*Ne transmettez pas les bactéries ou les virus associés au mal de gorge !
Lavez-vous les mains régulièrement !*

POUR ÉVITER UNE SURINFECTION

N'utilisez que des brosses à dents jetables, et changez-en tous les jours, le temps que dure l'infection.
Évitez de vous toucher les yeux ou la bouche et couvrez-vous la bouche lorsque vous toussez ou éternuez.

La gorge irritée

Vous avez du mal à avaler ? Vous ressentez une sensation de picotements et de brûlure à la gorge ? Il s'agit très certainement d'une pharyngite. La pharyngite accompagne le plus souvent la grippe et le rhume, et maux de tête et fièvre se font ressentir. Généralement, ce mal de gorge ne dure que 3 à 4 jours. Mais :
– si les symptômes persistent en l'absence d'un rhume ;
– si une fièvre égale ou supérieure à 38 ℃ accompagne ce mal de gorge ;
– si du pus apparaît sur les amygdales ;
– si une douleur se développe dans une oreille ;
– si vous avez de la difficulté à respirer ;
– s'il y a du sang dans la salive ou dans les sécrétions buccales ;
– si le mal de gorge s'accentue au lieu de s'atténuer ;
une consultation chez le médecin s'impose sans tarder.

SOULAGER LE MAL DE GORGE

Le gargarisme d'eau salée
Dès que votre gorge commence à être irritée, faites immédiatement, avant de

vous coucher, un gargarisme d'eau salée (1 cuillerée à soupe de sel gris dans 1 tasse d'eau). Ne rincez pas votre bouche. Laissez agir le sel toute la nuit. Dès le lendemain matin, et toute la journée, recommencez toutes les heures.

Les bonbons et pastilles
Le fait de sucer des pastilles ou des bonbons augmente la production de salive et hydrate la gorge.

La voix enrouée

Le larynx (organe où se situent les cordes vocales) devient enflammé ou enflé, entraînant une voix enrouée ou, parfois même, une perte temporaire de la voix.

Si votre voix devient rauque, si vous souffrez d'une extinction de voix, ne vous raclez pas la gorge, avalez lentement votre salive et évitez de parler. Mettez vos cordes vocales au repos pendant 24 heures au moins. Ne chuchotez même pas ! En chuchotant, vous risqueriez de dessécher vos cordes vocales.

Vos cordes vocales ont besoin d'humidité, aussi buvez souvent, de préférence des tisanes, et inhalez de la vapeur, en plaçant votre visage plusieurs fois par jour au-dessus d'un bol d'eau chaude, ou en prenant une douche, pendant 10 à 15 minutes, deux ou trois fois par jour. Et si vous possédez un humidificateur, c'est le moment de le faire fonctionner. Maintenez au moins 40 % d'humidité dans la maison et ouvrez les fenêtres. Et bien entendu, ne fumez pas !

Mais ne confondez pas, l'enrouement est un symptôme, tandis que la laryngite est une maladie.

Si l'enrouement devait se poursuivre, une consultation est conseillée.

SOULAGER L'EXTINCTION DE VOIX

• Buvez tout au long de la journée, à petites gorgées, du sirop de navet. Épluchez un navet et coupez-le en fines rondelles. Mettez ces rondelles dans un plat et saupoudrez-les de sucre en poudre. Laissez dégorger pendant toute la nuit et filtrez au matin.

• Buvez tout au long de la journée un sirop à l'oignon, à petites gorgées. Dans un bol, placez 6 oignons blancs hachés et 1/2 tasse de miel. Laissez au bain-marie pendant 2 heures, puis filtrez.

• Buvez un verre d'eau chaude additionné du jus de 1/2 citron et de 1 cuillerée à thé de miel.

• Buvez tout au long de la journée, à petites gorgées, une boisson au raifort. Mélangez dans 1 verre d'eau chaude 1 cuillerée à soupe de raifort râpé, 1 cuillerée à thé de miel et 1 cuillerée à thé de clous de girofle en poudre.

• Buvez, toutes les heures, le mélange suivant : 1 blanc d'œuf battu en neige, le jus de 1 citron et 2 cuillerées à soupe de sucre en poudre.

• Buvez 8 cuillerées à soupe par jour de sirop de chou. Coupez en petites lamelles des feuilles de chou bien nettoyées et mixez-les. Versez la préparation dans une casserole et ajoutez autant de sucre. Laissez cuire 5 à 6 minutes. Laissez un peu refroidir avant de mettre en bouteille.

• Gargarisez-vous avec une infusion à la sauge (2 cuillerées à thé de feuilles de sauge séchées dans 1 tasse d'eau bouillante). Laissez infuser pendant 10 minutes.

L'angine

L'angine est une inflammation des amygdales et de la gorge. Bénigne et fréquente, elle touche les adultes et les enfants à partir de 3 ans, rarement avant. Des virus en sont le plus souvent responsables. Ils entraînent une infection aiguë de la gorge et cause des douleurs exacerbées lors de la déglutition.

L'angine est appelée rouge quand le pharynx, le palais, la luette et les amygdales présentent des rougeurs. Elle est appelée blanche si des points blancs apparaissent sur les amygdales. Mais quelle soit blanche ou rouge, les germes en cause sont les mêmes.

Et les symptômes sont identiques : une grande fatigue, de la fièvre, une douleur au niveau des oreilles, une sensation de gonflement au niveau du pharynx et des ganglions du cou, et des difficultés à avaler ou à déglutir.

Seul le médecin, en vous examinant, pourra faire la différence entre ces deux types d'angine.

APAISER LA DOULEUR DE L'ANGINE

- *Buvez, avec une paille, une boisson glacée au miel et au citron. Mélangez le jus de 1 citron, 1/2 verre d'eau et 1 cuillerée à soupe de miel. Ajoutez des glaçons.*
- *Buvez par petites gorgées une infusion de violettes (viola). Versez 2 à 3 cuillerées de fleurs de violettes débarrassées de leur pédoncule dans 1 litre d'eau bouillante. Faites infuser pendant une demi-heure, puis filtrez, laissez refroidir et ajoutez du miel.*
- *Buvez par petites gorgées une infusion de guimauve. Jetez dans une casserole contenant 25 cl d'eau 1 cuillerée à café de racine de guimauve et 1 cuillerée à café de gingembre frais haché. Faites frémir en couvrant la casserole. Retirez du feu, ajoutez 1 cuillerée à café de menthe poivrée séchée. Couvrez à nouveau, laissez infuser pendant 10 minutes et filtrez.*
- *Mâchez des gommes de propolis. La propolis possède des propriétés anti-inflammatoires, antibiotiques et cicatrisantes.*
- *Gargarisez-vous avec le jus de 1 citron dilué dans 1 verre d'eau.*

La toux

Brutale, sonore, la toux est une réaction du corps à une irritation. Elle peut permettre à l'organisme de rejeter un corps étranger (poussière, sécrétions...), mais elle peut également être le symptôme d'une maladie. Les toux se produisent isolément ou par accès, par quintes.

La toux grasse

La toux grasse, due à des écoulements de mucosités, est suivie d'expectorations, alors que la toux sèche ne l'est pas.

La toux sèche

Elle est spasmodique, caractérisée par des quintes violentes assez rapprochées, et s'accompagne, avec une sensation de chatouillement, souvent de douleurs à la poitrine, sous les côtes et au bas-ventre.

La toux allergique

Considérée comme l'équivalent d'un éternuement, elle est le résultat d'une réaction allergénique.

Si la toux est allergique il est recommandé :
– de munir sa chambre d'un humidificateur ;
– de boire beaucoup ;
– de ne pas trop chauffer son appartement ou son bureau ;
– d'éviter de fumer et de fréquenter des fumeurs ;
– de ne pas sortir au moment des pics de pollution.
Si une toux dure plus de trois semaines, surtout si elle est violente et aiguë, il faut impérativement consulter un médecin.

CALMER LA TOUX

Avalez du miel additionné de cannelle, ou de la mélasse et du poivre.
Levez les deux bras à la verticale au-dessus de votre tête pendant 2 à 3 minutes.

LES SIROPS

• Râpez 1 navet et 1 oignon lavés et épluchés. Ajoutez 1 cuillerée à café de sucre en poudre. Laissez reposer toute une nuit et filtrez. Buvez 2 cuillerées à soupe de ce sirop, trois fois par jour, après chacun des principaux repas.
• Faites chauffer doucement au bain-marie un mélange composé de 1 jaune d'œuf, 1 petite cuillerée à café de beurre, 1 cuillerée à soupe de miel et le jus de 1 citron frais. Buvez 1 cuillerée à soupe encore chaude avant le coucher.
• Buvez toutes les 2 à 3 heures un sirop composé du jus de 1/2 citron additionné de 1 cuillerée à café de vinaigre de cidre et d'une autre de miel d'acacia.
• Buvez toutes les 2 à 3 heures un sirop composé de 1 cuillerée à soupe de gomme de sapin liquide, 1 cuillerée à soupe d'huile d'arachide et 30 g de miel.

La bronchite

La bronchite se caractérise par des douleurs aux poumons, un malaise général : fièvre, nez bouché, mal à la gorge, courbatures, maux de tête et évidemment une toux, souvent sèche, douloureuse au début de la maladie pour devenir plus tard plus grasse, ramenant des sécrétions visqueuses de couleur jaunâtre ou verdâtre.

Les symptômes de la bronchite virale disparaissent d'eux-mêmes en moins de 15 jours, sans aucun traitement, sinon avec du repos et des médicaments pour faire baisser la fièvre, mais si l'encombrement des bronches est important, n'hésitez pas à consulter un médecin. S'il décèle une infection bactérienne, il prescrira des antibiotiques. Lorsque la toux est grasse et que les expectorations (crachats) persistent pendant plusieurs semaines, voire plusieurs mois, la bronchite est dite chronique. **Dans ce cas, un suivi médical est obligatoire.**
La consommation de tabac est évidemment à suspendre pendant la maladie. Le tabagisme augmente l'inflammation des bronches et, souvent, les quintes de toux.

Certains nutritionnistes recommandent, en cas d'affections respiratoires, d'éliminer la consommation de lait et de produits laitiers, la caséine, une protéine du lait, risquant d'irriter le système immunitaire et de stimuler la production de mucus.
En revanche, ils incitent à consommer de l'ail, qui possède des propriétés antibiotiques utiles en cas de bronchite.

Vos proches sont déjà incommodés par votre toux ? Si vous ne voulez pas les faire fuir définitivement, avant de vous gaver d'ail, trempez la gousse dans un bol d'eau froide, ôtez le germe et, après l'ingestion, croquez des grains de cardamome ou de café ou bien mâchez du persil !

EN CAS DE BRONCHITE, IL EST CONSEILLÉ

• *D'utiliser dans la chambre un humidificateur ou un microdiffuseur*
Plusieurs types de microdiffuseurs existent, mais tous servent à diffuser les huiles essentielles en fines particules, ce qui désinfectera la chambre et assainira l'atmosphère de la maison.

Une serviette humide sur laquelle vous verserez quelques gouttes d'huile essentielle d'eucalyptus, de camphre ou de menthol, et que vous poserez sur un radiateur chaud, pourra remplacer le diffuseur.

• De boire beaucoup d'eau et de tisanes
– 4 tasses par jour de plantain. Jetez 1,5 g de feuilles séchées dans 15 cl d'eau bouillante, laissez infuser et filtrez. Le plantain a une action expectorante, combat l'inflammation et soulage la douleur.
– 6 tasses par jour de thym. Jetez une poignée de branches de thym frais dans 15 cl d'eau bouillante, laissez infuser pendant 5 minutes environ et filtrez. Le thym soulage les inflammations des voies respiratoires.
– 2 à 3 tasses par 24 heures de lierre grimpant. Jetez 5 g de feuilles fraîches de lierre grimpant dans 1 litre d'eau. Portez à ébullition, laissez bouillir pendant 5 minutes et filtrez. Le lierre grimpant aide à dégager les voies respiratoires et traite l'inflammation des bronches.

• De boire une décoction d'ail
Jetez 8 à 20 g d'ail dans une casserole remplie de 1 litre de lait et portez à ébullition. Buvez bien chaud pendant toute la journée.
(Après avoir mangé de l'ail, pour éviter d'avoir une haleine affreuse, croquez des grains de cardamome, du persil ou des grains de café.)

• D'absorber une préparation aux raisins secs
Faites tremper une poignée de raisins secs dans 3 verres d'eau pendant 10 minutes. Jetez ensuite les raisins dans 1 litre d'eau froide. Laissez bouillir pendant 15 minutes. Buvez tout au long de la journée.

• De pratiquer des inhalations
Versez 2 litres d'eau bouillante dans un saladier, ajoutez 3 gouttes d'huile essentielle d'eucalyptus, placez la tête au-dessus en la couvrant d'une grande serviette. Inhalez la vapeur pendant 15 minutes. Répétez l'opération deux fois par jour.

• De pratiquer des massages
Versez dans un flacon 3 cl d'huile d'amande douce, 3 gouttes d'huile essentielle de myrte, 1 goutte d'huile essentielle de bois de rose, 2 gouttes d'huile essentielle d'arbre à thé et 2 gouttes d'huile essentielle de niaouli. Secouez pour bien mélanger, et massez-vous le cou, la poitrine et le dos.

Le hoquet

C'est un réflexe respiratoire caractérisé par une succession de contractions, incontrôlables et involontaires, dans l'abdomen et le thorax, s'accompagnant d'un bruit rauque, causé par l'obstruction de la glotte et la
vibration des cordes vocales. Les crises de hoquet sont courantes et peuvent durer plusieurs minutes, rarement plusieurs heures.
S'il persiste plus longtemps, une visite chez le médecin s'impose.

QUELQUES TRUCS POUR CHASSER LE HOQUET

Pour les adultes
• *Asseyez-vous, pieds bien à plat sur le sol, avalez un grand bol d'air, puis
croisez deux doigts de chaque main, le pouce de la main droite sur l'index
de la main gauche et le pouce de la main gauche sur l'index de la main
droite. Tenez la position pendant quelques instants.*
• *Retenez votre respiration le plus longtemps possible et, à la fin de l'effort,
toujours en retenant votre respiration, avalez à plusieurs reprises un grand
bol d'air.*
• *Mâchez lentement du pain sec.*
• *Exercez une légère pression sur vos paupières fermées.*

Pour un bébé ou un petit enfant
*Faites-lui avaler quelques gouttes de jus de citron ou sucer un sucre imbibé
de vinaigre.*

Que faire quand quelqu'un avale une arête ou un petit os, ou avale de travers et s'étouffe ?

Une arête ou un petit os coincé dans la gorge

Si une arête ou un petit os est coincé dans votre gorge, avalez un œuf cru ou un morceau de pain. Mais si vous êtes sérieusement gêné, si vous ressentez une sensation d'étouffement, appelez un médecin, et, en l'attendant, avalez immédiatement du coton hydrophile puis de la mie de pain fraîche. L'un comme l'autre aideront, en l'englobant, à faire descendre l'arête ou l'os dans l'estomac, où le suc gastrique pourra dissoudre le tout puis le rendra suffisamment mou pour que cela ne pose plus de problème. Si cela arrive à quelqu'un, ne cherchez pas à le faire cracher ou à le secouer.

Après ce genre d'accident, une visite chez l'ORL s'impose. Un fragment qui ne serait pas éliminé pourrait provoquer un abcès grave dans les jours suivants.

Un objet pointu avalé par un enfant

Ne cherchez pas à le faire recracher, ne le secouez pas !

Appelez d'urgence un médecin.
À la rigueur, donnez-lui à avaler du coton hydrophile, de la purée de pommes de terre ou du pain, afin d'enrober le corps étranger et de l'empêcher de blesser les intestins.

Avaler de travers peut provoquer un étouffement

Cet étouffement, très courant, peut conduire à la mort. Les voies respiratoires bloquées, la victime ne peut plus respirer ni parler, panique et devient bleue. Surtout, évitez les tapes dans le dos. N'essayez pas non plus d'extraire l'objet coincé dans l'arrière-gorge ou le larynx.

Si la personne qui suffoque est debout, placez-vous derrière elle. Entourez sa taille de vos deux bras en prenant soin de ne pas appuyer sur les côtes. Exercez une forte pression rapide avec la face interne d'un de vos poings, juste en dessous du sternum, dans l'arc de cercle formé par les côtes, entre la cage thoracique et le nombril, de bas en haut, au niveau de l'estomac. Agrippez solidement ce poing avec l'autre main. La pression exercée de bas en haut entraînera l'expulsion forcée du corps étranger bloqué. Répétez l'opération si besoin est.

Si la personne est assise, opérez de la même façon en vous plaçant derrière la chaise.

Si elle est allongée sur le sol, inconsciente, tournez-la sur le dos, placez-vous à genoux au-dessus d'elle, en posant vos genoux de chaque côté de ses hanches, et faites la même manœuvre de pression rapide dans le creux de l'estomac, entre le nombril et la cage thoracique, vers le haut de son corps, à l'aide des deux mains placées l'une au-dessus de l'autre. Si la victime vomit, placez-la rapidement sur le côté afin qu'elle ne s'étouffe pas à nouveau.

Lorsque la nourriture est expulsée, appelez en urgence un médecin.

Tous les trucs et astuces pour
le corps

Prendre soin de son corps

L'intérêt d'être propre

Faut-il le préciser ? Se laver tous les jours est une obligation ! Aussi bien pour éliminer la transpiration et la saleté que pour sentir bon.

La douche

La douche est idéale le matin pour se réveiller. Humidifiez votre corps, puis, sans trop frotter, savonnez-vous en faisant mousser le produit (savon ou gel douche). Rincez-vous soigneusement en laissant couler l'eau tiède depuis la nuque tout le long du dos. Finissez par une douche froide, très tonifiante le matin.

Le bain

Faites couler l'eau du bain en surveillant sa température, car un bain trop chaud accélère les battements du cœur. Et n'y barbotez pas trop longtemps, un quart d'heure pas plus. Plus longtemps, la peau ramollit et se déshydrate. L'idéal est, au moment de sortir du bain, d'éliminer les résidus de savon à l'aide de la douchette.

L'eau calcaire et les savonnages trop violents abîment la peau
Que vous preniez des bains ou des douches, ne vous savonnez pas avec des produits moussants trop décapants. La plupart sont confectionnés avec des produits de synthèse, des parfums et des dérivés de pétrole. C'est une des raisons pour laquelle énormément de gens souffrent d'allergies ou de problèmes de peau. Utilisez des savons ne contenant que des produits naturels ou des pains dermatologiques.

Bien hydrater la peau après la douche ou le bain

La peau du corps est sensible à l'assèchement. Aussi, après le bain ou la douche, passez sur votre corps de l'huile, un lait de toilette ou une crème pour retenir l'humidité de l'épiderme.

Sur la peau encore humide, appliquez le produit choisi, par petites touches, en massages légers, toujours en remontant vers le cœur. Commencez par les chevilles, et, tout en exécutant les mêmes mouvements circulaires, attaquez ensuite les cuisses puis les fesses. Ensuite, en faisant bien pénétrer le produit, massez les mains, les bras, les épaules. Partez du cou pour hydrater la poitrine, et massez les seins en mouvements remontants. Si vous avez le ventre un peu mou, profitez-en pour pétrir la peau, et pour le dos un long manche fixé à une brosse vous sera utile. Si vous vous sentez un peu huileux, talquez-vous !

CONTRE LE DESSÈCHEMENT DE LA PEAU

Les gommages pour le corps
• Mixez 1 goyave et 1 kiwi et ajoutez 2 cuillerées à soupe de miel et 1 poignée de sel. Mélangez puis, en pratiquant des mouvements circulaires afin de bien faire pénétrer, appliquez uniquement sur le corps. Laissez quelques minutes puis gommez. Terminez par une douche tiède.

• Mélangez dans un bol 1/2 verre de lait, le jus de 1 citron, 1 œuf, 1 pincée de safran et un peu de farine. Appliquez uniquement sur le corps à l'aide de mouvements circulaires. Laissez quelques minutes puis gommez. Terminez par une douche tiède.

• Mélangez 6 cuillerées à soupe de farine d'avoine avec 2 cuillerées à café de sel marin. Délayez avec 2 cuillerées à café de lait. Frictionnez votre corps avec cette préparation et rincez.

L'huile d'argan
Grâce à sa forte teneur en vitamine..., cette huile inodore adoucit, hydrate et protège la peau des dessèchements.

La crème au miel et au citron
Massez votre corps avec un mélange de 2 cuillerées à soupe d'huile d'olive, le jus de 1/2 citron et 1 cuillerée à thé de miel liquide.

La crème à l'avocat
Massez votre corps avec un mélange de 2 cuillerées à soupe d'huile d'olive, le jus de 1/2 citron et la moitié d'un avocat réduit en purée.

Le lait à l'huile de rose
Ajoutez à votre lait une dizaine de gouttes d'huile essentielle de rose musquée du Chili. Cette huile est un puissant réhydratant.
Si votre cou vous paraît flétri, appliquez 2 gouttes directement dessus et massez comme s'il s'agissait d'un sérum.

La lotion aux fleurs de souci
Dans une bouteille à moitié pleine d'huile d'olive, jetez une bonne poignée de fleurs de souci séchées. Laissez macérer pendant une bonne semaine. Utilisez en huile hydratante.

Le bain lacté
Versez dans l'eau de votre bain 1 litre de lait et ajoutez 5 cuillerées à soupe d'huile d'amande douce.

Le bain du petit enfant

Donner un bain au petit enfant, c'est assurer aussi bien la propreté de sa peau que son bien-être. Un bain doit être un moment de relation privilégiée.
Avant de donner un bain à un enfant, assurez-vous que :
– la baignoire est propre et désinfectée ;
– le matelas à langer sur lequel vous poserez l'enfant ensuite est désinfecté ;
– une serviette propre repose sur le matelas à langer ;
– la température de la pièce est comprise entre 20 et 22 °C ;
– vos mains sont propres.

Ensuite, procédez ainsi :
– rassemblez tout le matériel dont vous aurez besoin, sans oublier les vêtements de rechange ;
– remplissez la baignoire en vérifiant que la température de l'eau est à 37 °C ;
– une fois le bain prêt, déshabillez l'enfant ;
– humidifiez un gant de toilette (à changer tous les jours), puis savonnez rapidement d'abord le cuir chevelu, et ensuite le cou, les bras, le tronc, les membres inférieurs, et faites la toilette du sexe (si c'est un garçon, ne le décalottez pas tant que le pédiatre ne l'a pas prescrit) et enfin du siège ;

– prenez le bébé sous les bras, votre avant-bras maintenant la nuque et l'autre les cuisses, par en dessous. Plongez l'enfant lentement dans le bain sans le quitter des yeux ;

– ensuite, tenez l'enfant par les membres inférieurs et le haut du tronc, sortez-le du bain et enveloppez-le aussitôt dans une serviette de bain ;

– posez-le sur le matelas à langer et essuyez-le méticuleusement, en insistant sur les plis de flexion, les petits plis du cou, des fesses et des genoux, où siège souvent l'humidité, responsable d'éventuelles lésions cutanées ;

– habillez-le ;

– brossez doucement ses cheveux.

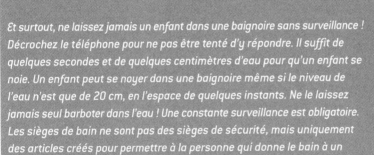

La peau du nouveau-né est fragile, il faut donc toujours se laver les mains avant et après s'être occupé d'un tout-petit, que ce soit pour le change, les soins du visage ou la préparation d'un repas. Une parfaite propreté est indispensable pour le protéger des irritations et des infections.

Et surtout, ne laissez jamais un enfant dans une baignoire sans surveillance ! Décrochez le téléphone pour ne pas être tenté d'y répondre. Il suffit de quelques secondes et de quelques centimètres d'eau pour qu'un enfant se noie. Un enfant peut se noyer dans une baignoire même si le niveau de l'eau n'est que de 20 cm, en l'espace de quelques instants. Ne le laissez jamais seul barboter dans l'eau ! Une constante surveillance est obligatoire. Les sièges de bain ne sont pas des sièges de sécurité, mais uniquement des articles créés pour permettre à la personne qui donne le bain à un enfant de libérer quelques instants ses mains.

Si vous possédez une piscine, il est impératif de la munir de moyens de protection afin qu'un enfant ne puisse y accéder sans la présence d'un adulte. Et pensez à traiter les abords de la piscine s'ils sont glissants.

La toilette intime

Les filles

L'hygiène intime des filles devrait seulement se limiter à la vulve et à la zone autour de la vulve. Une toilette rigoureuse des grandes et des petites lèvres n'est pas utile : un peu d'eau suffit. Celle du vagin est totalement à proscrire.

L'utilisation d'un savon parfumé, d'un détergent décapant, d'un antiseptique et surtout de douches vaginales est encore plus à éviter. Il faut le savoir, le vagin est naturellement autonettoyant et une toilette trop intensive risquerait de détruire sa flore protectrice naturelle et pourrait engendrer des irritations, des mycoses ou toute autre sorte d'infection. La toilette intime s'effectue à l'aide de produits doux, par exemple un pain dermatologique au PH neutre, qui respecte l'acidité de cette zone du corps.

Après cette toilette, il faut se sécher soigneusement en évitant serviette-éponge ou gant, à moins d'en changer chaque jour ! Les gants sont des repaires de microbes. L'idéal est d'utiliser du papier-toilette.

Le sexe a une odeur. Aucune toilette intime, même la plus scrupuleuse, ne pourra le rendre inodore. Tant mieux ! Les partenaires, en majorité, aiment cette odeur.

LES SERVIETTES-ÉPONGES ET LES GANTS DE TOILETTE

Les assouplissants ajoutés à l'eau de rinçage des serviettes-éponges peuvent provoquer des irritations ou des allergies.
Lors de la toilette intime, les gants ou les serviettes de toilette deviennent de véritables nids à microbes, il faut donc soit en changer tous les jours, soit les éviter, et préférer le papier-toilette.

Pendant les règles

Pendant les règles, des toilettes trop espacées risquent de favoriser les infections. Là, il est donc possible de se laver deux ou trois fois par jour, surtout en utilisant un pain dermatologique.

Quelques recommandations

Vous pouvez éviter certaines irritations et infections en :
– vous lavant chaque jour. L'eau légèrement savonneuse du bain ou de la douche élimine les traces de transpiration, les impuretés et certains microbes présents à la surface de la peau ;

– changeant de sous-vêtements tous les jours ;
– évitant le port de pantalons trop serrés, les sous-vêtements en matière synthétique et les collants trop étanches ;
– faisant attention, après un bain de mer ou la piscine, à ne pas rester trop longtemps vêtue d'un maillot mouillé. L'eau chlorée ou salée peut irriter la peau. Prenez une douche après le bain ;
– vous essuyant, après le passage aux toilettes, de l'avant vers l'arrière : ainsi sera évité l'ensemencement des germes fécaux vers la vulve et le vagin par la flore fécale.

Si vous êtes victime d'irritations ou de pertes nauséabondes, consultez sans attendre un médecin. Lui seul détectera l'origine de vos troubles et sera capable de vous prescrire un traitement qui vous soulagera. Ne laissez pas la situation empirer !

Les garçons

Si les filles ont tendance à se laver trop scrupuleusement, les garçons, en général, ne se lavent pas assez.

La toilette du pénis ne doit pas s'effectuer différemment du reste du corps. Bien entendu, il faut décalotter le gland pour le nettoyer, mais pas plus d'une fois par jour. Le savon n'est pas utile, l'eau claire suffit. Elle éliminera les cellules mortes et l'accumulation des sécrétions sous le prépuce, qui risquerait de provoquer des mycoses et surtout de transmettre à la partenaire des candidoses. La région anale ne doit pas non plus être oubliée.

La toilette au savon doit toujours s'achever par un rinçage soigneux, puis par un séchage minutieux. L'utilisation de papier-toilette est recommandée.

Si vous n'arrivez pas à décalotter votre gland, consultez un médecin, et, si possible, un urologue.

Quelques conseils aux sportifs

Après le sport, après l'effort, afin d'éviter une quelconque macération qui pourrait entraîner des irritations et des infections, prenez une douche. Et préférez les sous-vêtements en coton aux autres. En effet, le port de sous-vêtements en fibres synthétiques peut provoquer, par frottement, des irritations.

❀ Les filles et les garçons : la toilette avant et après l'amour

Avant

La toilette intime avant un rapport sexuel relève de son propre goût ou de celui des partenaires, car elle peut être interprétée différemment par chacun : soit comme un signe de délicatesse, soit comme un affront.

Après

Il faut quand même le savoir, l'amour n'est pas sale, et il n'est pas utile de se précipiter juste après vers la salle de bains pour faire un nettoyage à fond. Si l'envie s'en fait sentir, un peu d'eau suffit. Les mordus de l'hygiène pourront juste aller uriner, afin d'éviter une possible infection.

Au moment des règles, seulement, une toilette est conseillée, car le sang pourrait risquer de véhiculer un développement microbien.

Seulement dans le cas de rapports multiples et après un rapport anal, une toilette s'impose.

NE JAMAIS NÉGLIGER UNE INFECTION !

Au moindre signe suspect, consultez votre médecin. La plupart des infections peuvent être diagnostiquées et soignées rapidement. Si elles ne l'étaient pas, elles risqueraient d'être transmises à votre partenaire et d'avoir de graves répercussions sur vous deux.

ET SURTOUT, UTILISEZ DES PRÉSERVATIFS !

Ils éviteront la transmission de votre infection à vos partenaires et vous protégeront d'une surinfection par le même agent ou par tout autre agent infectieux.

LES MALADIES SEXUELLEMENT TRANSMISSIBLES

Ces maladies, particulièrement fréquentes chez les jeunes gens, se transmettent entre partenaires, lors de contacts ou de rapports sexuels, quels qu'ils soient.

Aujourd'hui, on préfère les désigner sous l'appellation « maladies infectieuses », et cela pour bien préciser qu'une personne peut être infectée et contagieuse sans être malade.

L'agent infectieux, c'est-à-dire les virus, les germes ou les parasites, peut se transmettre par le vagin, l'anus, la bouche, l'urètre et le pénis.

L'herpès génital

Cette affection provoque des lésions douloureuses sur et autour des organes génitaux. On peut la contracter pendant des relations sexuelles, mais aussi au contact d'une personne souffrant d'un herpès buccal. Si vous avez touché des lésions, il faut vous laver soigneusement les mains et vous brosser les ongles. La contamination se propage facilement. Quelqu'un qui n'a pas de lésions apparentes peut même transmettre le virus. Il est donc plus prudent d'utiliser un préservatif, tout en sachant que les régions de la peau non couvertes par le préservatif ne sont pas protégées.

L'herpès génital ne se guérit jamais. Le médecin peut seulement prescrire des médicaments qui peuvent diminuer la durée des éruptions et soulager la douleur. Lors des poussées d'herpès, il est conseillé de s'abstenir de toute relation sexuelle, de laver les lésions à l'eau et au savon, de les sécher à l'aide de l'air tiède du séchoir à cheveux, de ne pas les gratter, et surtout de consulter son médecin.

ASTUCES

SOULAGER L'HERPÈS GÉNITAL

• *Appliquez sur la zone touchée de la rhubarbe en compote.*

• *Appliquez 1 ou 2 gouttes d'essence (HE) de niaouli sur le bouton naissant. Répétez cette application plusieurs fois dans la journée et le lendemain si nécessaire.*

Les morpions

Ce sont des insectes minuscules, des poux qui, dans la région du pubis, s'accrochent à la peau, à la base des poils, et pondent des œufs blanchâtres, de forme ovale, qu'on appelle des lentes. Ces lentes sont difficiles à éliminer et provoquent d'insupportables démangeaisons, surtout la nuit. Les morpions peuvent se transmettre en utilisant les vêtements ou le linge d'une personne infectée, lors d'un contact intime entre deux partenaires, mais surtout lors de relations sexuelles. Cette infection doit être absolument traitée, à l'aide de crèmes, de lotions, de poudres ou de shampoings spéciaux vendus en pharmacie. Les partenaires sexuels, ou ceux qui ont utilisé votre linge, doivent être prévenus, afin qu'ils puissent suivre le même traitement.

Personne n'a jamais attrapé une MST dans les toilettes d'un café !
En revanche, on y trouve les pires bactéries.

POUR ÉLOIGNER TOUT RISQUE DE CONTAGION MICROBIENNE :

posez un papier protecteur sur la lunette des toilettes
servez-vous d'un morceau de papier-toilette ou d'un mouchoir en papier pour tirer la chasse d'eau, tourner la poignée de la porte des W-C, ouvrir robinets ou distributeurs de savon
lavez-vous soigneusement les mains après être allé aux toilettes, et n'utilisez pour vous sécher les mains que des essuie-mains en papier.

La cystite

Dans l'immense majorité des cas, la cystite, qui touche la vessie et l'urètre, est d'origine infectieuse. Elle se manifeste par une urine foncée, trouble et parfois malodorante, des envies pressantes et fréquentes d'uriner, une douleur brûlante en urinant et une sensation de gêne dans le bas-ventre, mais pas de fièvre. Cette affection, plus courante chez les femmes que chez les hommes, est bénigne, mais, si elle n'est pas soignée, des complications au niveau des uretères, des reins ou de la vessie peuvent se déclarer. Si vous souffrez d'une cystite, vous devez absolument consulter votre médecin.

Les principales causes de la cystite sont :
– une contamination par les selles des germes venant de l'intestin ;
– la rétention urinaire ;
– une déshydratation ;
– des vêtements trop serrés et trop moulants, souvent en synthétique ;
– des rapports sexuels non protégés ;
– des douches vaginales en excès ;
– certains savons parfumés ou bains moussants ;
– un manque d'hygiène.

Les infections urinaires mal soignées récidivent toujours. Toutefois, même si elles se ressemblent, elles ne sont pas toutes les mêmes. Aussi, ne prenez pas n'importe quel médicament ! Seule une analyse indiquera au médecin le traitement que vous devrez suivre.

En cas de cystite, il est recommandé de boire plus que d'habitude. Au moins 2 litres par jour d'eau ou, mieux, de jus de fruit acide : citron, orange ou pamplemousse pressé.

APAISER LES INFECTIONS URINAIRES

• *La consommation abondante de tisanes diurétiques, loin des repas, est recommandée.*
• *Préparez une soupe de cresson, que vous prendrez midi et soir.*
• *Buvez toute la journée une infusion de thym.*
Jetez une poignée de thym dans 1 litre d'eau bouillante. Laissez infuser pendant 15 minutes.
• *Buvez dans la journée l'une des infusions ou décoction ci-dessous :*
– infusion de chiendent. Faites bouillir dans de l'eau pendant 1 minute 30 g de rhizomes de chiendent. Filtrez et ne gardez que le chiendent. Faites à nouveau bouillir dans un peu plus de 1 litre d'eau de sorte qu'il n'en reste que 1 litre environ. Ajoutez à la fin de l'ébullition 8 g de réglisse, puis filtrez ;
– infusion de reine-des-prés. Versez 1 litre d'eau bouillante sur 30 g de fleurs. Laissez infuser pendant 12 heures. Buvez 3 tasses dans la journée ;

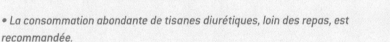

– décoction d'aubier de tilleul sauvage du Roussillon (pour les douleurs et l'inflammation). Jetez 1 cuillerée à soupe dans une casserole remplie d'une bonne tasse d'eau froide. Faites bouillir pendant 3 à 4 minutes, puis laissez infuser pendant 10 minutes. Buvez 4 tasses par jour ;
– infusion d'ortie blanche. Jetez 20 g de fleurs dans 1 litre d'eau bouillante. Laissez infuser pendant 10 minutes. Buvez 3 tasses par jour.

Les vaginites

Ce terme regroupe des infections qui se manifestent parfois par des pertes vaginales, des démangeaisons, une sensation de brûlure, des odeurs désagréables, des douleurs ou des irritations lors des relations sexuelles ou durant le passage des urines. Mais souvent les femmes ne ressentent aucun symptôme. Cette infection, plus fréquente en été, est très courante : deux femmes adultes sur trois sont touchées au moins une fois dans leur vie. Le vagin est un lieu propice à l'évolution des germes, qui y trouvent un nid douillet.

Une vaginite peut faire suite à un ou à des traitements antibiotiques. Parfois, un pantalon trop serré peut faciliter une migration du rectum vers le vagin des bactéries normalement contenues dans le tube digestif, ce qui peut se produire également lors de rapports sexuels.

Une cystite peut aussi être en cause dans une vaginite, et réciproquement. Quelquefois aussi, l'usage de produits très décapants (savons, gels douche) ou parfumés peut irriter le vagin.

On distingue trois sortes d'infections vaginales : l'infection à Candida ou « infection à champignons » ou encore « infection à levures », la vaginose bactérienne et l'infection à Trichomonas.

Seul un médecin peut diagnostiquer la maladie et prescrire le médicament nécessaire à sa guérison. **Il faut consulter dès les premiers signes, et avertir son partenaire, puisqu'il est probable qu'il soit également porteur du germe.** Afin d'éviter des recontaminations, un traitement commun est donc recommandé.

On peut toutefois écarter les problèmes d'infections en évitant :
– le port d'une lingerie en matière synthétique ;
– le port de pantalons trop serrés ;
– l'essuyage de l'arrière vers l'avant avec du papier-toilette. Si vous vous

essuyez de l'avant vers l'arrière, l'ensemencement des germes fécaux vers la vulve et le vagin par la flore fécale sera évité ;
– le port trop prolongé de tampons vaginaux. Il faut en changer trois à quatre fois par jour ;
– les douches vaginales, qui détruisent la flore microbienne normale ;
– les bains en piscine, les bains bouillonnants ;
– le contact avec le sable des plages ;
– le port prolongé d'un maillot de bain humide ;
– l'utilisation de serviettes de toilette de personnes contaminées.

Les douches vaginales

Leur pratique quotidienne est absolument déconseillée, elles pourraient perturber ou détruire l'équilibre de votre flore vaginale. Toutefois, de temps en temps, lors de certaines affections ou à la fin des règles, à la rigueur, avec l'assentiment de votre médecin, des ablutions externes sont possibles.

L'INJECTION VAGINALE

• Jetez 10 g d'écorce de chêne, 10 g de laurier blanc, 10 g de millefeuille, 10 g de feuilles de sauge dans 1 litre d'eau. Faites chauffer et réduire d'un quart. Retirez du feu et laissez infuser pendant 10 minutes. Pratiquez l'injection vaginale avec la préparation tiède.

• Versez 1 cuillerée à soupe rase d'argile (de 6 à 9 g) dans 1 litre d'eau. Laissez reposer pendant 1 à 2 heures, puis faites tiédir doucement au bain-marie. Pratiquez l'injection vaginale avec la préparation tiède.

LORS D'UNE INFECTION

Versez de 2 à 5 g d'huile essentielle de lavande dans 50 cl d'eau minérale tiède. Pratiquez une injection vaginale matin et soir, juste pendant la période de l'infection.

L'épilation

Choisir une méthode d'épilation

Certains hommes veulent bronzer le torse nu sans aucun poil. Certaines femmes arborent des aisselles poilues, mais la plupart refusent de sortir si leurs jambes ne sont pas d'une netteté absolue. À chacun son goût. Chacun procède comme il le désire.

Plusieurs méthodes d'épilation existent. Il y a l'épilation à la cire, au sucre ou encore à la crème épilatoire, l'épilateur électrique, l'épilation au laser, l'épilation à la lampe flash (lumière intense pulsée) et aussi le rasage.

À tout problème de pilosité il y a une solution.

Le rasage

Cette méthode a l'avantage d'être rapide, économique et facile. Seulement, le poil coupé au ras de la peau repousse immédiatement. Si vous préférez cette méthode, désinfectez la peau préalablement avec un coton imbibé d'une lotion.

La crème et le lait épilatoires

Ils agissent chimiquement à la base du poil, lequel, en s'en allant, laisse la peau douce. Le problème est que le poil repousse aussi vite qu'avec le rasoir. Les crèmes épilatoires spéciales peau sensible sont idéales pour les aisselles. Afin d'éviter tout risque d'irritation, effectuez un test à chaque fois que vous changez de produit, appliquez un peu de talc avant l'utilisation et respectez le temps de pose. Une épilation à la cire dure évidemment plus longtemps.

L'épilation à la cire froide

Appliquez sur la peau une bande recouverte de cire, puis tendez la peau, respirez... et retirez cette bande d'un coup sec. Les poils, collés, partent avec. Il ne reste plus qu'à éliminer sur la peau les restes de colle... et quelques poils. Il ne faut pas avoir peur de répéter l'opération pour obtenir un résultat parfait.

L'épilation à la cire chaude

La cire, qui a l'avantage d'être réutilisable, à condition qu'elle soit filtrée, doit être chauffée. Appliquez une bande de cire directement sur la peau, avec une spatule, puis, d'un coup sec, retirez-la. Les poils, collés, partent avec. Il ne reste plus qu'à hydrater la peau. Cette épilation a le désavantage de demander un certain équipement et comporte le risque, si vous n'êtes pas expérimenté, que vous vous brûliez. L'épilation à la cire chaude (pas trop chaude, bien sûr) est conseillée pour les jambes.

CHAUFFER LA CIRE À LA TEMPÉRATURE IDÉALE !

Utilisez un chauffe-biberon dans lequel vous aurez glissé un verre résistant à la chaleur.

L'épilation à la cire tiède
À l'aide d'une spatule, appliquez la cire tiédie en une couche très fine. Plus la couche sera fine, plus le résultat sera satisfaisant. Recouvrez la cire d'une bande de coton, puis, en tirant dans le sens inverse de la pousse des poils, arrachez cette bande d'un coup sec. Cette méthode est idéale pour la peau, surtout si vous souffrez de problèmes de circulation sanguine.

L'épilation au sucre
Mélangez 1 verre d'eau et 1/2 verre de sucre, ajoutez le jus de 1/2 citron et 2 cuillerées à soupe de miel et faites caraméliser à feu doux. Arrêtez la cuisson dès que le mélange se colore. Versez sur une assiette, laissez refroidir pendant quelques minutes pour ne pas vous brûler. Dès que le caramel commence à durcir, enduisez vos mains de jus de citron (pour qu'elles ne collent pas) et travaillez cette pâte. Faites-en une boule. Étalez le caramel, en couche fine, sur les zones à épiler, et retirez-le d'un coup sec. Le bulbe du poil est arraché et non coupé, et ainsi la repousse est beaucoup plus lente. L'épilation au sucre est efficace seulement sur les poils qui ne sont pas trop forts : le maillot, le visage et les zones sensibles.

Les épilateurs électriques
Il s'agit d'appareils qui saisissent les poils et les arrachent sans ménagement. Cette méthode, un peu douloureuse, a parfois le défaut de casser le poil avant de l'arracher.

L'épilation électrique

Grâce à une aiguille qui lance une faible décharge lorsqu'elle est enfoncée dans le bulbe pileux, le poil, tué à la racine, est arraché sans effort et ne repousse plus. Cette méthode très efficace est assez onéreuse.

L'épilation au laser

Cette épilation n'est pratiquée que par des spécialistes, en institut. Au passage de la lumière pulsée, réglée sur une longueur d'onde particulière, les poils sont détruits. L'épilation au laser n'est malheureusement pas efficace sur tous les poils. Ceux qui ne sont pas détruits continuent donc à pousser. Les séances devant être répétées jusqu'à ce que l'épilation soit complète, ce traitement devient long et onéreux.

Quelques précautions à prendre avant l'épilation

Gommez la peau. Un gommage favorisera l'élimination des cellules mortes et fera ressortir les éventuels poils nichés sous la peau.

Désinfectez la zone à épiler avec un gel antiseptique, des lingettes ou de l'alcool.

Talquez la peau avant l'épilation. Ainsi, la transpiration sera absorbée et la cire adhérera mieux.

N'enduisez pas la zone à épiler de lait corporel ou d'huile. La cire ne pourrait pas coller.

En revanche, si vous utilisez le rasoir, utilisez du lait démaquillant à la place de la mousse à raser. Il est plus doux pour la peau.

Si une réaction apparaît sous forme de petits points rouges, n'exposez pas cette zone au soleil et appliquez dessus une crème hydratante.

ASTUCES

APAISER LA PEAU APRÈS L'ÉPILATION

• Appliquez sur la peau une compresse d'eau froide additionnée de 2 gouttes d'huile essentielle d'arbre à thé.

• Plongez-vous dans un bain dans lequel vous aurez fait dissoudre un tube entier d'aspirine. Ce bain ralentira également la repousse des poils. C'est toutefois à éviter en cas d'allergie à l'aspirine.

Ce qu'il faut savoir avant de se faire tatouer

La pratique du tatouage consiste à perforer l'épiderme à l'aide de fines aiguilles pour introduire des pigments selon un tracé prédéfini et créer sur la peau un dessin coloré indélébile.

Ne vous faites pas tatouer n' importe où et par n'importe qui.
La pratique du tatouage peut se compliquer d'une infection virale du type hépatite B, C ou VIH.
Avant toute chose, assurez-vous de la réputation de l'établissement où vous vous rendrez.
Et si vous constatez que les instruments du tatoueur ne sont pas emballés hermétiquement, s'il ne désinfecte pas soigneusement la peau avant de procéder, si la propreté des lieux laisse à désirer, n'hésitez pas ! Partez ! Et cherchez un autre établissement !

Le tatoueur doit être un professionnel responsable

Avant de s'exécuter, il doit interroger son client sur d'éventuels problèmes médicaux ou traitements, et vérifier l'état de la peau à l'endroit où va être effectué le tatouage. En cas de problème (boutons, plaie, suintement, croûtes, rougeur anormale, maladies chroniques de la peau…), il doit prendre un avis médical.
Mais surtout, le tatoueur doit offrir toutes les conditions d'hygiène :
– aseptiser la peau avec de l'alcool à 90° ;
– ne pas travailler sans enfiler des gants en latex à usage unique ;
– utiliser des aiguilles, des faisceaux d'aiguilles, des gobelets recevant l'encre, des encres, des gants, des éponges et des serviettes à usage unique.

Pour que la guérison de votre tatouage se déroule bien, sans infection :

– le tatouage effectué, attendez au moins 2 à 6 heures avant de retirer le pansement que le tatoueur a appliqué sur la peau ;
– changez-en et renouvelez-le au moins une fois par jour ;
– nettoyez régulièrement et délicatement la peau tatouée avec une solu-

tion antiseptique idéalement sous forme de spray, tamponnez doucement avec un linge propre et doux, puis appliquez sur la peau propre et sèche une crème cicatrisante ;

– ne frottez pas le tatouage, ne vous grattez pas. Les croûtes doivent tomber d'elles-mêmes ;

– atténuez la démangeaison en tamponnant délicatement le tatouage avec une compresse humidifiée à l'eau froide ;

– ne prenez pas de bains. Seules les douches sont autorisées à condition de ne pas diriger le jet sur le tatouage et de bien le protéger. Le tatouage ne doit pas être mouillé tant qu'il n'est pas cicatrisé (15 jours au moins). Les bains en mer ou en piscine sont évidemment interdits pendant ce laps de temps.

Le soleil n'est pas non plus conseillé. Il pourrait abîmer le tatouage. Plus tard, après la cicatrisation complète, afin que les couleurs du tatouage ne ternissent pas, il faudra utiliser une bonne crème solaire.

Si une réaction allergique apparaît, ce qui peut arriver, consultez votre médecin au plus vite, tout en sachant que la cicatrisation dure deux semaines environ.

Mais si au bout d'une semaine s'écoule un liquide nauséabond du tatouage, s'accompagnant de douleur, d'œdème (gonflement), de rougeur et de fièvre, n'hésitez pas : consultez !

Un tatouage est indélébile, il ne peut être retiré qu'au laser... et le résultat est rarement satisfaisant. La seule solution consiste à demander un recouvrement à un tatoueur.

✿ Le tatouage au henné

Seul ce tatouage est éphémère. Le problème est qu'une substance allergisante interdite, la paraphénylènediamine, est ajoutée au henné afin d'accentuer la coloration noire du tatouage et sa longévité. Cette substance est à l'origine d'eczéma allergique pouvant conduire dans quelques cas à des hospitalisations. Les tatouages au henné naturel, dont la teinte varie du brun à l'orange, ne sont pas concernés.

L'Agence française de sécurité sanitaire des produits de santé (Afssaps) met donc en garde ceux qui sont tentés par cette pratique et avertit que toute réaction cutanée faisant suite à la réalisation d'un tatouage noir temporaire doit être signalée à un professionnel de la santé.

Depuis janvier 2004, les dermatologues ont signalé à l'Afssaps plus d'une dizaine de cas d'eczéma de contact d'apparition retardée (délai supérieur à 10 jours) faisant suite à l'application de « peintures superficielles ou tatouages éphémères au henné noir ». Ces produits se présentent sous la forme d'une préparation destinée à être appliquée sur la peau et contenant du henné et de la paraphénylènediamine (PPD), servant à donner une couleur noire au « tatouage ».

Ces tatouages éphémères sont le plus souvent proposés aux vacanciers au bord des plages, sur les marchés, sans aucun contrôle sanitaire et sont considérés comme des produits cosmétiques illicites compte tenu de l'interdiction d'utilisation de la PPD dans les produits autres que les teintures capillaires.

Ces « tatouages » sont réalisés le plus souvent sur place, à la demande du consommateur, et dans des endroits non réglementés (plages et marchés), ce qui rend le circuit de distribution très difficile à cerner.

Les problèmes de peau

L'abcès

C'est un amas de pus, une poche d'infection profonde et volumineuse qui se forme sous la peau, dans n'importe quelle partie du corps. Il est presque toujours douloureux. L'apparition d'un abcès peut être favorisée par la chaleur, la macération et les frottements. Il peut être également le résultat d'une surinfection : boutons grattés, plaies non nettoyées, kyste préexistant, ou à la suite d'une écorchure non soignée.

Tant que l'abcès n'est pas mûr, le pus ne peut s'évacuer. Le triturer ne sert à rien, sinon à entraîner des complications. Il faut être patient et seulement désinfecter la zone atteinte à l'aide d'un antiseptique. Toutefois, la maturation peut être accélérée par l'application de compresses chaudes. S'il s'accompagne de fièvre, s'il s'étend en profondeur et en surface, n'hésitez pas à consulter.

Le furoncle

Un furoncle est une sorte de bouton rouge qui se forme sous la peau, rendant la zone où il se loge rouge, chaude et douloureuse. Empli de pus, avec au centre une pustule jaunâtre, il s'est enflammé à la suite de l'infection d'un follicule pileux (infection bénigne du poil). Il peut donc siéger n'importe où sur tous les endroits poilus du corps. Son apparition est tout de même favorisée par des frottements répétés, souvent sur le dos, les fesses ou le périnée.

Cette lésion doit être traitée. Elle nécessite donc un avis médical.

On appelle anthrax le regroupement de plusieurs furoncles. Il apparaît surtout dans les zones de transpiration importante et s'accompagne de fièvre.

En cas d'anthrax, une consultation s'impose.

ASTUCES

En début de formation d'un abcès ou d'un furoncle, badigeonnez la zone d'alcool iodé, puis appliquez des cataplasmes

• D'argile
Versez de l'argile bien sèche, en poudre ou en fragments, dans un saladier, recouvrez-la d'eau et remuez à peine, car l'argile se dilue toute seule. Couvrez d'un linge propre puis laissez reposer pendant plusieurs heures, le matin pour le soir, par exemple. À l'aide d'une spatule en bois, mettez l'argile dans un linge en coton (si la pâte est trop solide, ajoutez un peu d'eau, si elle est trop liquide, un peu d'argile), et fermez soigneusement ce paquet, qui aura une épaisseur de 1 à 2 cm.

• De propolis
La propolis est vendue sous forme de tablettes. Malaxez-la entre vos doigts pour lui donner une consistance molle, puis placez-la dans une compresse, sur une épaisseur de 1 à 2 cm.
Laissez l'une ou l'autre compresse en place pendant 1 à 2 heures.

Remplacez par un autre cataplasme (six à huit par 24 heures), et cela jusqu'à la cicatrisation.

• De sauge
Jetez 3 cuillerées à soupe de fleurs et de feuilles de sauge dans 50 cl d'eau bouillante, laissez un peu refroidir, puis imbibez une compresse de cette décoction encore chaude et appliquez-la sur l'abcès ou le furoncle.

• D'oignon
Écrasez un oignon cuit au four, laissez un peu refroidir, puis appliquez-le encore chaud sur l'abcès. Couvrez avec une compresse chaude. Vous pouvez également faire bouillir l'oignon dans un peu d'eau, imbiber une compresse du jus et l'appliquer sur l'abcès.

• De chou
Écrasez un chou cuit au four, laissez un peu refroidir, puis appliquez-le encore chaud sur l'abcès. Couvrez avec une compresse chaude. Vous pouvez également faire bouillir le chou dans un peu d'eau, imbiber une compresse du jus et l'appliquer sur l'abcès.

L'oignon et le chou sont, paraît-il, souverains sur les abcès et les furoncles.

BOIRE DES TISANES

Buvez trois fois par jour, avant les repas, 1 tasse d' une infusion de bardane. Faites bouillir pendant 15 minutes 5 g de feuilles fraîches pilées pour 1 tasse à thé d'eau bouillante, puis filtrez. Cette plante a des propriétés antibactériennes et antifongiques.

La cellulite

Ce capiton, cette peau d'orange, ce dépôt graisseux d'une consistance molle et flasque qui apparaît dans la région des hanches, des fesses et des cuisses, donnant à la peau un aspect granuleux et capitonné « en peau d'orange », est improprement appelé cellulite. En réalité, la cellulite est une inflammation des tissus situés sous la peau, une sclérose du tissu cellulaire adipeux sous-cutané. La vraie cellulite est douloureuse.

Elle n'est pas forcément associée à l'accumulation de graisse, comme c'est le cas chez les personnes obèses, ou à un problème de poids. Et aucun régime ne la fera disparaître. Des femmes très minces peuvent avoir de la cellulite. Des hommes aussi, mais c'est plus rare.

Il est possible que la cellulite soit due à une accumulation de toxines et d'eau dans les tissus adipeux (graisses) en raison d'une défaillance du système lymphatique, chargé de drainer les tissus pour éliminer ces déchets. Certaines pilules contraceptives, des problèmes hormonaux, circulatoires, nutritionnels ou nerveux interviennent dans l'apparition de la cellulite.

UN TEST POUR DÉCELER LA CELLULITE

La cellulite ne se voit pas forcément tout de suite. Vous pouvez la déceler en pinçant un peu de chair entre vos doigts et en remontant. Si la peau apparaît grumeleuse, la cellulite commence à s'installer, si elle reste tendue... tant mieux pour vous.

Éviter la cellulite : quelques recommandations

• Pratiquez une activité physique (gymnastique, course à pied, natation, danse).
• Si vous avez un travail sédentaire, ne restez pas des heures assis sur votre chaise dans la même position. Bougez.
• Ne marchez pas perchée sur de hauts talons.
• Ne portez pas des vêtements et des sous-vêtements trop serrés, rien qui gêne la circulation.
• Faites attention à votre alimentation : mangez des légumes, comme des artichauts et des pissenlits, assaisonnés d'oignons et de persil, et n'oubliez pas les fruits. Préférez les pommes, les prunes et le raisin, le pamplemousse, et surtout l'ananas et la papaye.
• Et surtout, buvez ! Buvez au moins 2 litres d'eau plate par jour, des jus de fruits, des jus de légumes, du thé vert (sans sucre)... La première chose à faire en cas de cellulite, c'est de boire pour éliminer. Rien ne vous sera aussi utile.

En revanche, les massages anticellulite pratiqués chez soi à l'aide d'un gant de crin ou de petites machines disponibles dans le commerce, et surtout la pratique, en institut, par des professionnels parfaitement formés, de la technique de l'endermologie ou du drainage lymphatique s'avèrent très utiles.

ATTÉNUER LA CELLULITE

Les tisanes

• Buvez 2 tasses par jour, après les repas, d'un mélange à parts égales de reine-des-prés, d'écorce de bouleau, de Fucus vesiculosus, de vigne rouge et d'orthosiphon (thé de Java).
Versez 1 cuillerée à soupe pour 25 cl d'eau. Laissez infuser pendant 10 minutes, puis filtrez.

• Buvez, au milieu de la matinée et dans l'après-midi, un grand bol d'orthosiphon. Cette plante est idéale en cas de surcharge pondérale et de cellulite. Faites infuser 10 g de feuilles sèches dans 50 cl d'eau bouillante pendant 15 à 20 minutes, puis filtrez.

• Buvez des tisanes de bouleau, de bourrache, ou de queues de cerises. Ces plantes diurétiques sont également excellentes pour lutter contre la cellulite. Préparez ces tisanes à l'avance, et versez-les dans une bouteille que vous laisserez au réfrigérateur.

• Buvez 4 tasses par jour de tisane de pissenlit. Faites macérer, pendant 1 h 30, 30 g de racines et de fleurs dans 1 litre d'eau. Portez à ébullition, laissez infuser et filtrez.

• Buvez 1 à 3 tasses par jour d'infusion de chiendent, de préférence avant 17 heures. Le chiendent est souverain contre la rétention d'eau et la cellulite. Jetez 1 cuillerée à thé de plantes dans 1 tasse d'eau bouillante et laissez infuser pendant 10 minutes avant de filtrer.

Les cataplasmes

• *Broyez en poudre des feuilles de lierre grimpant, puis mouillez cette poudre d'un peu d'eau de façon à obtenir une pâte homogène. À l'aide de compresses et de bandages, appliquez sur les zones touchées.*

• *Faites cuire dans très peu d'eau 80 g d'algues marines séchées, 100 g de son et 100 g de gros sel gris marin. Mélangez de façon à obtenir une pâte homogène, puis appliquez-la sur les zones touchées.Couvrez de compresses et de bandages pour maintenir en place et gardez pendant 15 minutes environ.*

Les massages

Massez-vous avec un mélange d'huile essentielle d'orange et d'huile essentielle de citron.

Les bains

• *Jetez trois grosses poignées de feuilles de lierre grimpant dans une casserole remplie de 1,5 l d'eau. Portez à ébullition, puis versez dans le bain.*

• *Prenez tous les jours, en fin d'après-midi, loin des repas, un bain d'algues marines très chaud (38°C). Faites couler l'eau chaude sur un sachet qui contient des algues coupées. Une fois dans le bain, malaxez le sachet et servez-vous-en comme d'un gant, en insistant sur les zones à traiter. Restez dans le bain pendant au moins 20 minutes, en veillant à ce que la chaleur de l'eau soit constante. Ne vous rincez pas. Enfilez un peignoir et allongez-vous. Plus tard, vous pouvez prendre une douche rapide.*

❀ Les vergetures

Les vergetures sont des lésions de la peau, des cicatrices dues le plus souvent à des modifications du corps lors de problèmes hormonaux, d'une prise de poids rapide ou d'une grossesse : la peau, soumise à une trop forte distension, et sans doute manquant d'élasticité, s'étire alors dangereusement. Les vergetures, qui ne sont absolument pas douloureuses, seulement inesthétiques, correspondent à ces ruptures du réseau de fibres. Rouges puis blanches, elles apparaissent comme des stries, plus ou moins étendues, plus ou moins profondes, au niveau du ventre, des hanches, des seins et sur le haut des cuisses.

Lorsqu'elles sont rouges, il est encore possible de diminuer ou de réparer les dégâts. Mais lorsqu'elles sont blanches, il n'y a plus rien à faire. Ces lésions sont irréversibles. Il est juste possible de les prévenir et d'en atténuer la visibilité.

Certains spécialistes préconisent, sur les cuisses, les hanches et les fesses, un gommage liquide, une friction au gant de crin, puis l'application d'une crème hydratante et nourrissante, et sur les seins et le ventre, un gommage doux sans friction et un massage à l'huile d'argan.

Les engelures

Ces lésions cutanées apparaissent quand il fait froid et humide et quand la peau, mal couverte ou mal protégée, souffre. Alors, elle enfle, devient rouge et douloureuse, et une sensation de fourmillements ou de brûlure se fait sentir. Les oreilles, le nez, les mains, les chevilles et les pieds sont les parties du corps les plus sensibles aux engelures.

Une engelure peut entraîner dans la zone affectée une perte de sensibilité et parfois même une lésion irréversible. S'il s'agit d'engelures légères, un bain à 37 °C additionné d'un antiseptique doux peut suffire à éviter des complications.

S'il s'agit d'engelures profondes, il faut absolument appeler un médecin.

En attendant la consultation :

– allez dès que possible dans une pièce chauffée ;

– si les pieds, et surtout les orteils, sont touchés, évitez de marcher ;

– n'exposez pas la zone touchée à une trop forte chaleur (lampe, radiateur, air chaud du séchoir ou du four) ;

– ne massez pas, ne frictionnez pas la zone touchée ;

– baignez la zone affectée dans de l'eau chaude, mais jamais brûlante.

Par temps froid et neigeux, ne portez jamais des chaussures qui serrent les pieds. Mettez des chaussettes chaudes et vos chaussures légères habituelles.

Les gerçures et les crevasses

Les gerçures et les crevasses sont des fissures plus ou moins profondes de la peau, dues à une exposition au froid associée à une déshydratation. Desséchée, la zone crevassée est rouge à violette, douloureuse, parfois gonflée.

Les oreilles, les lèvres, les mains, les pieds (le talon et le dessous du gros orteil) sont les zones les plus touchées, mais aussi les mamelons chez la femme allaitante. Quelle que soit leur localisation, ces lésions sont toujours douloureuses.

Une crème très hydratante et certains pansements conçus à cet effet aident à la cicatrisation des crevasses.

APAISER LES ENGELURES ET LES CREVASSES

Les cataplasmes

• *Versez dans un bol rempli de lait bouillant des feuilles de bouillon-blanc (Verbascum thapsus), et laissez infuser pendant 10 minutes. Filtrez, puis appliquez les feuilles chaudes sur les zones gercées.*

• *Appliquez un cataplasme de racine de consoude (Symphytum officinale) râpée.*

• *Avant de vous coucher, enduisez vos mains d'un mélange composé de 1 jaune d'œuf, 1 cuillerée à thé d'huile d'olive, 1 cuillerée à thé de lanoline et du jus et de la pulpe de 1 citron. Massez vos mains, puis enfilez de vieux gants.*

• *Frottez les zones gercées avec la moitié de 1 navet (nettoyé mais avec la peau) cuit entier au four, puis refroidi.*

L'infusion

Buvez chaque jour, 1 heure avant les repas, 3 bonnes tasses de tisane de bouillon-blanc. Laissez infuser pendant 10 minutes, dans 50 cl d'eau bouillante, 15 g de feuilles et de pétales de fleurs, puis filtrez.

Le bain

Évitez les engelures en pataugeant, matin et soir, pendant 30 minutes dans une soupe au céleri. Faites cuire à gros bouillons 2 litres d'eau et 1 tête de céleri-rave râpé, avec les feuilles. Laissez un peu refroidir, puis trempez pieds et mains dans la soupe chaude.

Les points rubis

Bénignes et fréquentes, ces lésions qui se forment à la surface de la peau ont l'apparence d'une petite grappe de capillaires rouges. Elles surviennent avec l'âge, surtout après de fréquentes expositions au soleil. Si leur apparition vous gêne, un dermatologue pourra les détruire à l'aide de l'électrocoagulation ou du laser.

L'urticaire

L'urticaire est une réaction cutanée caractérisée par des plaques rouges accompagnées d'un léger gonflement (comme des piqûres d'ortie) qui entraînent un prurit (démangeaison) et quelquefois une légère brûlure. Différentes allergies peuvent être à l'origine de l'urticaire :
- allergie à des aliments : chocolat, fraises, crustacés ou poisson... ;
- allergie à des médicaments ;
- allergie de contact : orties, méduses, fleurs... ;
- allergie à la piqûre d'un insecte ;
- allergie au soleil.

Mais qu'il soit alimentaire ou de contact, ou encore causé par le stress, le début de l'urticaire est toujours brutal et la durée de l'éruption variable, de quelques heures à quelques jours.

L'urticaire régresse souvent spontanément et est considéré comme bénin, à moins qu'il ne se complique d'un gonflement de la lèvre ou des paupières et de picotements et de démangeaisons dans la gorge. Cette réaction, appelée œdème de Quincke, est à prendre très au sérieux. Un risque d'asphyxie par gonflement des muqueuses buccales et ORL peut se déclarer. **L'appel du samu ou des pompiers est impératif.**

APAISER L'URTICAIRE

- *En plus du traitement, saupoudrez les lésions de talc officinal.*
- *Saupoudrez vos aliments de curcuma, un antihistaminique naturel.*
- *Prenez de la vitamine C, qui est aussi un antihistaminique naturel.*

Les démangeaisons

Les précautions à prendre :
- ne prenez plus de bains ou de douches trop chauds, mais tièdes.
- n'utilisez, pour vous laver, que des pains dermatologiques ;
- séchez-vous à peine, et avec des serviettes lavées avec des lessives non parfumées ;
- en sortant du bain, appliquez une crème hydratante dermatologique ;
- ne portez pas de vêtements en fibres synthétiques ;
- si vous portez des pulls, mettez un vêtement en coton en dessous ;

– faites attention à ne pas trop transpirer ;
– ne caressez pas la fourrure des animaux ;
– chez vous, préférez le parquet à la moquette, refuge d'acariens.

CALMER LES DÉMANGEAISONS

Le cataplasme de camomille
Jetez 30 g de fleurs de camomille séchées dans 1 litre d'eau. Faites bouillir pendant dix minutes, puis retirez du feu. Laissez refroidir et filtrez. Mouillez une compresse avec la décoction et appliquez-la sur la zone touchée, pendant 20 minutes. Renouvelez le cataplasme jusqu'à la disparition des symptômes.

Le cataplasme de carottes
Râpez finement des carottes et placez-les dans un linge fin. Chaque soir avant le coucher, appliquez un cataplasme sur les endroits atteints et gardez-le toute la nuit. Recommencez chaque soir jusqu'à la guérison complète.

Le cataplasme de bicarbonate de soude
Diluez 1 cuillerée à thé de bicarbonate de soude dans un peu d'eau. Appliquez en pâte directement sur la zone touchée.

Le bain de bicarbonate de soude
Diluez du bicarbonate de soude dans l'eau du bain.

Le bain d'avoine
Mettez des flocons d'avoine (2 tasses environ) dans un bas Nylon, fermez-le bien et agitez dans l'eau pendant toute la durée du bain.

Le bain de feuilles de noyer
Faites bouillir à feu doux, pendant 15 minutes environ, de 20 à 30 g de feuilles séchées pour 1 litre d'eau. Filtrez et versez dans l'eau du bain. Répétez deux fois par jour au besoin.

Le bain de genévrier
Versez quelques gouttes d'huile essentielle dans un bain. Vous pouvez aussi faire bouillir 2 kg de branches minces concassées plus 1 poignée de baies dans 1 litre d'eau. Filtrez et versez dans l'eau chaude de la baignoire.

La transpiration

Lutter contre une transpiration excessive

La transpiration est une réaction à l'augmentation de la température du corps. Son rôle est de la réguler pour la maintenir à 37 °C, en éliminant les toxines de l'organisme ; elle est déclenchée la plupart du temps par la chaleur et les émotions. Les glandes endocrines sécrètent environ un demi litre de sueur chaque jour et, lorsqu'il faut très chaud ou lors d'un gros effort, jusqu'à 10 litres.

Les personnes dépourvues de ces glandes ont de la difficulté à maintenir leur corps à une température normale stable.

La sueur est inodore, ce sont les bactéries logées sous la peau qui sont responsables des odeurs désagréables. La transpiration abondante affecte les mains et les pieds, mais touche principalement les aisselles. Parfois elle est problématique.

En cas de transpiration excessive (hyperhidrose), les mains sont si humides que la personne qui en est atteinte redoute de serrer d'autres mains ou de prendre des documents. Et dans les chaussures, très rapidement détériorées, les pieds peuvent développer une prolifération bactérienne.

L'hyperhidrose des aisselles est la plus visible et donc la plus embarrassante : les vêtements humides se tachent, se décolorent et sentent mauvais.

La transpiration est naturelle, vous n'avez pas à en avoir honte, mais si elle devient gênante, il ne faut pas rester ainsi. Un médecin pourra vous prescrire des traitements efficaces, à base d'aluminium chlorure ou d'électricité, des médicaments par voie orale, des piqûres de Botox®, et même, en dernier recours, vous proposer une solution chirurgicale.

Quelques précautions à prendre :

– savonnez-vous à l'aide d'un savon médical bactéricide conseillé par votre médecin ou votre pharmacien ;

– évitez à tout prix les vêtements trop moulants ;

– oubliez les vêtements en matières synthétiques, ces tissus retiennent la transpiration et risquent de provoquer, par macération, des odeurs désagréables, voire des infections cutanées ;

– portez des vêtements en coton, en laine ou en lin et suffisamment amples afin de permettre l'évaporation de la sueur ;

– épilez-vous et rasez-vous régulièrement, les poils peuvent être source d'infection ;

– n'achetez pas n'importe quel déodorant, au risque de contracter eczémas, allergies ou rougeurs totalement désagréables ; la transpiration ne doit jamais être stoppée, seulement l'odeur ;

– et surtout n'oubliez pas qu'en transpirant vous éliminez de l'eau et que vous devez donc boire pour compenser.

PALLIER LA TRANSPIRATION EXCESSIVE

ASTUCES

Le déodorant

• *Passez sous vos aisselles un morceau de pierre d'alun. À base de sel de potassium, ce cristal est un déodorant naturel, un antiseptique et un antibactérien, toléré par toutes les peaux.*

• *Saupoudrez et massez votre corps, et particulièrement vos aisselles, avec un mélange de talc ou de bicarbonate de soude et de feuilles de sauge séchées, réduites en poudre à l'aide d'un mortier.*

L'infusion

Versez dans 1 tasse de l'eau bouillante et 1 cuillerée à thé de feuilles séchées de sauge. Laissez infuser pendant 10 à 15 minutes.

Les accidents

Les brûlures

Les brûlures sont des lésions de la peau provoquées par le contact des flammes, d'un liquide bouillant, d'un objet chaud, de produits chimiques ou encore par le passage de courant électrique dans le corps. Plus l'étendue et la profondeur de la zone touchée sont importantes, plus la brûlure est grave.

La brûlure au premier degré

C'est une brûlure bénigne. Elle ressemble à un coup de soleil. La peau est rouge et douloureuse, mais la cicatrisation ne pose pas de problème. Passez la brûlure sous l'eau fraîche pour la refroidir, puis désinfectez-la avec un antiseptique et laissez-la, sans pansement, à l'air libre. Éventuellement, appliquez une crème hydratante et calmante du type Biafine®.

ASTUCES

SOULAGER LES PETITES BRÛLURES LÉGÈRES ET LES COUPS DE SOLEIL

- *Étalez de l'argile sur la brûlure. Les blessures traitées par l'argile guérissent vite et cicatrisent bien, surtout si l'argile est appliquée immédiatement.*
- *Enveloppez la pulpe d'une pomme de terre râpée dans une compresse de gaze. Appliquez sur la brûlure et renouvelez si la douleur persiste.*
- *Frottez la brûlure avec vos cheveux.*
- *Baignez la région brûlée dans de l'eau additionnée de quelques gouttes de vinaigre, ou appliquez dessus une compresse imbibée de cette solution.*
- *Saupoudrez la brûlure de bicarbonate de soude.*
- *Appliquez une compresse imbibée de lait bouilli sur la zone affectée.*
- *On devrait toujours avoir un Aloès dans la cuisine ! Si vous en avez un, coupez une feuille, ouvrez-la et appliquez sur la brûlure la gelée qui se trouve à l'intérieur.*
- *Appliquez sur la brûlure du savon de Marseille, tout en faisant couler de l'eau froide dessus.*
- *Appliquez sur la brûlure 1 blanc d'œuf battu en neige.*

La brûlure au second degré

Elle atteint la peau plus profondément. En plus de la rougeur des lésions précédentes, des cloques se forment.

Si la zone touchée n'excède pas 3 x 3 cm, refroidissez la brûlure sans toucher les cloques, désinfectez-la avec un produit non alcoolisé, non coloré, puis protégez-la avec une compresse stérile que vous changerez chaque jour ou du tulle gras acheté en pharmacie. Il s'agit de mailles souvent recouvertes de vaseline, de paraffine, voire d'antibiotiques ou d'antiseptiques. Dès la formation de cloques, la brûlure peut être exposée à la pénétration de microbes dans l'organisme. Une brûlure étendue et profonde ne doit donc pas être traitée à la légère, mais nécessite d'être vue par un médecin.

En cas de non-guérison au bout de 15 jours, si la brûlure reste chaude, rouge et douloureuse, si vous avez de la fièvre, consultez.

La brûlure au troisième degré

Elle est si profonde qu'elle peut atteindre les couches inférieures de la peau et quelquefois même les muscles, les os et les viscères situés en dessous. La peau, qui a perdu son élasticité, devient blanchâtre, cartonnée et indolore, les terminaisons nerveuses ayant été détruites. Carbonisée, elle peut prendre un aspect noirâtre.

Si la brûlure est très étendue, appelez un médecin en urgence ou le Samu. En attendant leur arrivée, couvrez-la d'une serviette ou d'un drap propres imbibés d'eau froide. Et si la victime présente des troubles respiratoires, allongez-la ou installez-la en position semi-assise hors de la zone qui a brûlé si ses brûlures le permettent.

Que faire en cas de brûlure ?

• Séparez la zone brûlée de la source de chaleur, puis refroidissez la blessure. Refroidir la brûlure est une urgence qu'il ne faut pas reporter. Quoi qu'il se passe, pensez toujours à vite refroidir la brûlure (y compris dans les cas de projections de produits chimiques dans les yeux) en aspergeant d'eau froide la brûlure pendant 5 à 10 minutes. Utilisez l'eau du robinet sous une douche, avec un tuyau d'arrosage. Les glaçons sont à proscrire : ils risqueraient de provoquer une brûlure par le froid, douloureuse et dommageable.

• Si ce n'est pas possible de passer la brûlure sous l'eau, couvrez-la d'une serviette ou d'un drap propres imbibés d'eau froide.

- Profitez de l'arrosage pour retirer les vêtements autour de la zone touchée.
- Surtout, n'enlevez pas les vêtements qui adhèrent à la peau.
- Si une main ou un bras ont été brûlés, retirez montre, bracelet ou bagues.

Ce qu'il ne faut surtout pas faire

- N'appliquez jamais de corps gras – du beurre, de l'huile... – ou n'importe quelle pommade sur la brûlure.
- Ne versez pas d'éosine ou tout autre produit coloré sur la brûlure ou autour, ils ne permettraient pas de voir si la rougeur disparaît ou persiste.
- Ne versez pas d'alcool sur la brûlure, cela peut être douloureux et risque d'endommager des cellules déjà fragilisées.
- Évitez les « remèdes de grand-mère » (pomme de terre, vinaigre...), qui risquent de favoriser les infections.
- N'utilisez pas le coton hydrophile, qui colle à la plaie.

L'incendie domestique est la deuxième cause de mortalité accidentelle chez les enfants de moins de 5 ans. En France, on en déplore un toutes les 2 minutes. Toutes les maisons, tous les appartements peuvent prendre feu. Les fumées toxiques et les gaz chauds qui se dégagent peuvent tuer en quelques minutes seulement.

ÉTOUFFER LES FLAMMES D'UN FEU NAISSANT

- *Jetez sur le feu un vêtement, une couverture, une serviette, en prenant bien soin de ne pas utiliser de matériaux synthétiques (plastique, Nylon...) : ils pourraient fondre.*
- *Versez de l'eau, sauf si :*
- *le feu est dû à un liquide (huile, hydrocarbure...), car l'eau pourrait être projetée sous forme de gouttes brûlantes.*
- *un appareil électrique prend feu (ou dans le voisinage d'une prise électrique), car l'eau pourrait provoquer un court-circuit ou une électrocution.*

ÉVITER L'INCENDIE DOMESTIQUE

• Si possible, installez votre four en hauteur. Si vous ne le pouvez pas, avant d'acheter le four, renseignez-vous sur sa sécurité.

• Tournez les queues des casseroles vers l'intérieur de la plaque de cuisson.

• N'utilisez que des autocuiseurs munis d'un dispositif rendant impossible leur ouverture quand ils sont encore sous pression.

• Surveillez toujours de l'huile qui chauffe. Si jamais elle s'enflamme, ne versez surtout pas d'eau dessus.

• Ne laissez pas un enfant s'approcher d'un barbecue.

• Ne rallumez jamais avec de l'alcool ou de l'essence un barbecue dont les braises sont incandescentes. Utilisez des produits solides prévus pour allumer le feu sans risque de brûlures.

• Lors du repassage, ne laissez pas un enfant approcher de trop près, il risque de tirer sur le fil électrique du fer.

• Si vous ne pouvez pas faire régler la température centrale de l'eau, posez un mitigeur thermostatique que vous prendrez la précaution de régler à 50 °C.

• Placez les boîtes d'allumettes et les briquets hors de la vue et de la portée des enfants.

• Débranchez systématiquement les appareils électriques après usage.

• Ne laissez pas de bougies ni de diffuseurs de parfum allumés en votre absence.

• Ne fumez pas au lit.

• Ne rangez pas des produits inflammables à proximité de sources de chaleur (radiateur, lampe, cuisinière).

• Vérifiez régulièrement vos installations de gaz et d'électricité.

• Faites ramoner cheminées et conduits chaque année.

SI LE FEU SE DÉCLARE À LA MAISON

• Gardez votre calme et appelez les pompiers.

• Alertez vos voisins avant d'évacuer les lieux au plus vite avec les enfants. Pas question que vous vous arrêtiez pour prendre un jouet ou que vous retourniez chercher le chat ou le chien, ils trouveront leur chemin tout seuls.

• Essayez, si vous le pouvez, de débrancher tous les appareils ménagers avant de partir. Cela évitera les courts-circuits.

• *Restez à l'extérieur, et, surtout, sous aucun prétexte ne retournez à l'intérieur.*

S'IL N'EST PLUS POSSIBLE DE SORTIR

• *Fermez les portes.*
• *Bouchez les ouvertures avec des linges mouillés et arrosez la porte.*
• *Si la fumée envahit la pièce, appliquez un linge mouillé sur votre nez et votre bouche.*
• *Si le feu est sur vous, étouffez les flammes avec une serviette, une couverture ou autre chose d'épais et roulez-vous par terre.*
• *Si le feu est sur quelqu'un, roulez la personne dans une couverture ou un manteau en fibres non synthétiques.*
• *Avant d'ouvrir une porte, vérifiez si elle est chaude en la touchant du revers de la main. Si elle est chaude, ne l'ouvrez pas, et si vous le pouvez, passez par une autre porte ou par une fenêtre.*
• *Déplacez-vous le plus près du sol, à quatre pattes, jusqu'à la sortie.*
• *Fermez toutes les portes derrière vous afin de ralentir la progression du feu.*
• *Si vous habitez à un étage élevé, ne prenez pas l'ascenseur, ne sautez pas par la fenêtre, mais attendez l'arrivée des pompiers.*

Les ecchymoses

À la suite d'un choc ou d'un coup, des petits vaisseaux se rompent sous la peau. Apparaît alors sur la zone touchée, bien délimitée, une enflure bleue, douloureuse au contact. Cette petite hémorragie sous-cutanée passe ensuite par le vert, puis par le jaune, avant que la peau ne retrouve son aspect normal.

Si l'ecchymose est peu importante, elle est certainement sans gravité. Appliquez dessus un sac en plastique dans lequel vous aurez versé des glaçons, ou, mieux, si vous en avez, un sac de petits pois congelés. Le froid atténuera l'œdème et apaisera la douleur. Vous pouvez aussi masser la zone douloureuse avec une pommade anti-inflammatoire, de la pommade à l'arnica, ou encore un gel à visée antalgique.
Si l'ecchymose s'accompagne d'un problème articulaire, si la douleur est

violente après plusieurs heures et surtout si l'ecchymose est étendue et très gonflée, n'hésitez pas à consulter.

ATTÉNUER UNE ECCHYMOSE

Appliquez sur l'hématome un mélange de persil et de beurre ou encore une compresse imbibée d'essence essentielle de vanille.

 Les plaies

Superficielles ou profondes, les plaies ne doivent pas être touchées sans que la précaution de se laver les mains soit prise.

RETIRER FACILEMENT UN PANSEMENT

Le pansement a du mal à se décoller ? Imbibez-le d'huile tiédie. Laissez agir pendant une demi-heure puis retirez, il se décollera sans difficulté.

Les écorchures

Rincez sous l'eau la partie touchée et nettoyez le contour de la plaie avec une compresse imbibée de savon de Marseille, en évitant soigneusement de déborder sur la plaie. Vous risqueriez sinon de l'irriter. Si des saletés restent collées à la plaie, utilisez pour les enlever une pince à épiler préalablement désinfectée à l'alcool.

Surtout, ne craignez pas de voir une écorchure saigner, les saignements aident à nettoyer la plaie.

S'il le faut, bien que, dans ce type de blessure, les saignements cessent rapidement, stoppez-les en comprimant fermement la plaie avec une compresse stérile.

Si le sang déborde de la compresse, surtout ne l'ôtez pas, appliquez-en une autre par-dessus, en appuyant encore plus fermement.

Si la plaie se trouve sur un bras, diminuez le saignement en élevant le bras au-dessus du niveau du cœur.

L'utilisation d'un antiseptique sur les plaies superficielles n'est pas utile. Il peut même les irriter.

Protégez la plaie par un pansement si elle est exposée à la saleté ou risque de frotter sur un vêtement, sinon laissez-la cicatriser à l'air libre, en sachant tout de même que, contrairement aux idées reçues, l'écorchure cicatrisera plus vite sous l'humidité d'un pansement. Quand des croûtes se formeront, ne les grattez pas. Elles servent à protéger les plaies de la saleté, et tomberont d'elles-mêmes au moment opportun.

• *Ne nettoyez pas une plaie à l'aide de coton hydrophile : les fibres du coton risqueraient de s'accrocher à la blessure.*

• *N'utilisez pas plusieurs antiseptiques différents à la fois : ils peuvent être incompatibles.*

• *Ne désinfectez jamais une plaie de la périphérie vers le centre : vous risqueriez de ramener des bactéries dans la plaie.*

• *Ne renouvelez pas trop souvent un pansement, vous risqueriez de ralentir la cicatrisation. Tous les 2 jours, c'est suffisant.*

• *Si la plaie cicatrise mal, si elle devient rouge ou douloureuse, n'hésitez pas à consulter.*

Un avis médical doit être demandé si :

- les rebords de la plaie s'écartent et nécessitent des points de suture ;
- les rebords de la plaie sont irréguliers ou déchiquetés ;
- la plaie renferme de la saleté que vous n'arrivez pas à enlever ;
- des rougeurs et un œdème se forment autour de la plaie ;
- le pourtour de la plaie devient insensible ;
- des corps étrangers (écharde, terre, sable) restent enchâssés dans la plaie ;
- la plaie est douloureuse ou enflammée ;
- un liquide épais et grisâtre s'écoule de la plaie ;
- de la fièvre survient ;
- les mouvements sont douloureux.

Une consultation en urgence doit être demandée si :

- la vaccination antitétanique n'est pas à jour ;
- la coupure est profonde ;

- la plaie est causée par un instrument pointu ;
- la plaie saigne par jets et le sang déborde du pansement ;
- le saignement ne cesse toujours pas après 10 minutes de pression directe et ferme ;
- vous êtes diabétique ;
- vous souffrez d'un problème de circulation sanguine.

Que faire en cas de plaie profonde ?

Une plaie est profonde quand elle s'étend et que les deux lèvres ne se rapprochent pas spontanément ou que les bords sont irréguliers. Dans ce cas, ne tentez pas de la nettoyer ni de presser dessus pour en faire sortir des saletés, mais recouvrez-la d'une ou de plusieurs compresses stériles que vous ferez tenir par une bande pas trop serrée, puis montrez-la au plus vite à un médecin. Des points de suture peuvent être nécessaires, mais si vous attendez trop longtemps ils ne pourront plus être posés. Passé 6 heures, les bords ne se recollent plus. La cicatrice sera alors plus visible.

Après la pose de points de suture, le médecin les retire quelques jours plus tard. Suivant ses instructions, il vous faudra attendre de 24 à 72 heures pour laver la plaie. Le nettoyage de la saleté et de la croûte qui s'est formée autour des points aide à réduire la cicatrice. Si un liquide jaune clair coule de la plaie, couvrez-la d'un pansement.

Certaines colles et certains pansements rapprochent également les bords des plaies.

Que faire en cas de saignement abondant ?

En cas de saignement abondant et inquiétant, n'attendez pas, appelez en urgence le Samu. En attendant les secours, allongez la victime, la tête abaissée, et appliquez longuement un linge ou des compresses sur la plaie. Si la blessure concerne un membre, si nécessaire, entourez-le d'un garrot. S'il s'agit d'une plaie à la poitrine s'accompagnant d'une gêne respiratoire, allongez la personne en position semi-assise.

Que faire si quelqu'un est victime d'une électrocution ?

L'électrocution est responsable de 200 morts et de plusieurs blessés par an en France, que ce soit en bricolant, en réparant une installation électrique, en touchant des fils dénudés.

Si quelqu'un près de vous est victime d'une électrocution :
– coupez au plus vite le courant au compteur électrique ;
– éloignez la victime de la source électrique à l'aide d'un objet non conducteur (bâton, balai en plastique...) ;
– appelez le Samu.

En attendant les secours :
– surveillez son état général ;
– desserrez son col, sa cravate, sa ceinture ;
– si la victime a perdu connaissance, installez-la, en position semi-assise, par exemple adossée à un mur.

Que faire si quelqu'un est victime d'un malaise ?

Si quelqu'un près de vous a un malaise et menace de s'évanouir, allongez la personne au plus vite pour éviter qu'elle ne se blesse en tombant. Surélevez ses pieds en glissant dessous un vêtement ou un petit oreiller. S'il n'est pas possible de l'allonger, faites-la asseoir, demandez-lui de mettre sa tête entre ses genoux pendant quelques minutes et aidez-la à desserrer son col et sa ceinture pour faciliter sa respiration. Demandez-lui si elle est coutumière du fait et si elle a des médicaments pour ce genre de situation. Si oui, faites-lui prendre ses médicaments.

Si la victime est trouvée inconsciente, maintenez sa tête et surveillez son état en attendant l'arrivée des secours. Et surtout évitez de lui donner des gifles ! Cette pratique n'a aucun effet positif.

Un malaise peut avoir de multiples origines.

Quelques-uns sont bénins, d'autres annoncent une maladie grave, il faut donc absolument alerter le Samu ou les pompiers.

Certains malaises, causés par une douleur intense et persistante au thorax, peuvent faire penser à une indigestion, mais sont en fait un infarctus. **Dans le doute, dès l'apparition d'une douleur au thorax, appelez systématiquement le Samu ou le médecin traitant.** Jusqu'à l'arrivée des secours, adossez la victime à un mur et placez-la en position semi-assise : cette position lui permettra de se décontracter tout en libérant ses voies aériennes. Un décès pourrait être ainsi évité. En effet, la gravité des lésions subies dépend du délai entre l'apparition des symptômes et la mise en route des traitements ; 2 à 4 heures après le début de la douleur, les dégâts sur le cœur risquent d'être très importants.

ÉVITER LES ACCIDENTS

• Les couteaux, les ciseaux et les rasoirs sont des objets coupants, ne les laissez pas à la portée des enfants.

• Ne laissez pas non plus des cacahuètes à la portée d'un enfant de moins de 6 ans. Il pourrait s'étouffer en les mangeant.

• Les prises électriques doivent être conformes aux normes électriques NF électricité, mais, s'il y a des petits enfants, elles devront être munies de cache-prises.

• Attention aux tondeuses à gazon : ne retournez pas et ne débourrez pas une tondeuse qui n'est pas éteinte. Vous risqueriez de vous couper les doigts.

Que faire si une écharde ou une épine s'est plantée dans la peau ?

Si une écharde de bois, de métal ou de verre se retrouve fichée dans la peau, n'appuyez pas comme un forcené autour de l'endroit concerné, vous risquez de la faire rentrer encore un peu plus.

Si elle est facilement accessible, utilisez une pince à épiler que vous aurez préalablement désinfectée, puis tirez le bout de l'écharde vers vous, mais dans la direction contraire à celle où elle est entrée. Retirez-la puis désinfectez à l'aide d'une compresse stérile imbibée d'un antiseptique.

Si l'écharde est inaccessible parce que trop enfoncée, demandez conseil à votre pharmacien. Et surtout assurez-vous que les rappels de votre vaccination antitétanique sont bien à jour. Un simple petit accident comme celui-là peut vous transmettre le tétanos. Si les rappels n'étaient pas à jour, voyez votre médecin pour qu'il vous fasse immédiatement un sérum antitétanique, avant de faire ensuite le nécessaire pour une nouvelle vaccination.

ASTUCES

RETIRER UNE ÉCHARDE (APRÈS DÉSINFECTION)

• *Trempez la zone où l'écharde est entrée dans de l'eau chaude savonneuse pendant quelques minutes. Elle s'enlèvera toute seule.*

• *Collez sur la zone touchée un morceau de papier collant en le faisant juste adhérer à l'écharde ou à l'épine. Retirez le papier doucement et désinfectez.*

• *Versez 1 ou 2 gouttes de cire chaude de bougie à l'endroit où se trouve l'écharde ou l'épine. Laissez refroidir. Une fois la cire devenue dure, décollez-la, puis désinfectez.*

• *Étalez de la vaseline sur la zone touchée, et recouvrez d'un pansement occlusif. Lubrifiée, l'écharde ou l'épine s'éliminera toute seule. Désinfectez.*

• *Appliquez un morceau de pomme de terre à l'endroit où l'écharde est logée et recouvrez d'un pansement. Laissez agir pendant toute une nuit. Le lendemain, l'écharde sera soit entrée dans la pomme de terre, soit à moitié sortie. Vous la retirerez alors avec une pince à épiler. Désinfectez.*

Que faire si un hameçon s'est planté dans la peau ?

La pêche à la ligne n'est pas sans danger ! Attention aux accidents avec les hameçons lors des lancers ou des manipulations de cannes à pêche. L'hameçon rentre facilement dans la peau, mais ne peut pas ressortir sans arracher les tissus, et c'est souvent très douloureux. Ne tirez pas dessus, mais au contraire essayez de faire sortir l'hameçon en poussant la pointe vers l'extérieur, puis coupez-la en deux avec une pince coupante ou de bons ciseaux. N'oubliez pas de désinfecter la zone touchée. La désinfection est primordiale.

Si vous n'arrivez pas à retirer l'hameçon, s'il est trop enfoncé, n'insistez pas, adressez-vous à un médecin, et profitez de cette occasion pour vérifier si votre vaccination antitétanique est bien à jour.

Que faire après une piqûre d'insecte ?

Les piqûres d'insecte ne provoquent le plus souvent qu'une irritation provisoire s'accompagnant de démangeaisons. La plupart des insectes piquent pour se nourrir et surtout se défendre. C'est pourquoi il faut garder son calme et n'avoir aucun geste brusque quand ils surgissent.

Si l'insecte vous a piqué dans la gorge, si un gonflement ou des rougeurs apparaissent, consultez en urgence, et en attendant, dans l'intervalle, sucez un glaçon qui pourra limiter l'œdème.

RETIRER FACILEMENT UN PANSEMENT

Le pansement a du mal à se décoller ? Imbibez-le d'huile tiédie. Laissez agir pendant une demi-heure puis tirez, il se décollera sans difficulté.

ASTUCES

Parfois, les piqûres d'insecte provoquent une réaction allergique.

Cette réaction se manifeste sous forme d'une éruption cutanée qui peut se diffuser sur la totalité du corps. Parfois aussi, elle peut même être plus violente, au point de représenter un danger pour la vie de la personne. Si les piqûres sont multiples, si elles se situent dans la bouche ou dans la gorge, si la personne piquée est allergique aux piqûres d'insecte ou encore si elle souffre d'insuffisance cardiaque ou respiratoire, il faut d'urgence appeler un médecin.

Si vous avez été piqué par **un moustique ou un aoûtat**, désinfectez la zone touchée avec une solution antiseptique et utilisez des crèmes, gels, pommades, ou lotions contre les démangeaisons afin d'éviter de vous gratter. Vous risqueriez une infection.

Seules **les abeilles** femelles piquent. L'aiguillon reste implanté dans la peau après la piqûre. Il ne faut pas presser la peau pour le faire sortir, vous risqueriez de diffuser le venin dans le corps. Il ne faut pas non plus mettre une poche de glace sur la piqûre, mais au contraire l'approcher pendant quelques minutes d'une source de chaleur, comme le bout incandescent d'une cigarette (attention tout de même à ne pas vous brûler).

Les bourdons piquent rarement mais s'ils piquent il faut traiter la piqûre comme celle d'une abeille.

L'araignée pique si on l'attaque. Ne l'approchez pas, elle vous laissera tranquille. Si jamais elle vous pique, ce qui est assez rare, désinfectez la zone puis appliquez dessus un sac de glace. Une piqûre antitétanique n'est pas inutile.

Les piqûres **de taons** sont douloureuses. Retirez le dard à l'aide d'une pince à épiler, désinfectée avec un peu d'alcool, apaisez la douleur avec de la glace et appliquez une crème anti-inflammatoire et calmante.
Certaines **chenilles** peuvent provoquer des dermatoses prurigineuses. Les lésions nécessitent une désinfection et l'application de pommades prescrites par un médecin.
Les fourmis ne sont pas dangereuses dans nos pays, mais certaines peuvent être agressives. Leurs piqûres provoquent des douleurs importantes qui peuvent persister pendant plusieurs jours. Désinfectez-les et appliquez une crème ou une lotion antihistaminique.
Les piqûres des **punaises** provoquent une irritation locale avec démangeaisons, sans risque de réaction allergique. Il suffit de les désinfecter et d'appliquer une pommade apaisante.

SOULAGER LA DOULEUR D'UNE PIQÛRE D'INSECTE

• Épluchez un oignon, coupez-le en deux, et utilisez une moitié pour frotter la piqûre pendant 10 à 15 minutes.

• Frottez l'irritation laissée par la piqûre avec une fleur de géranium écrasée au mortier.

• Frottez la piqûre avec du persil frais ou avec du thym.

• Étalez à même la peau de l'argile légèrement délayée.

• Appliquez sur la zone atteinte des compresses imbibées de chlorure de magnésium. Remouillez-les dès qu'elles sont sèches.

• Appliquez une poche de glace sur la piqûre.

• Appliquez sur la peau une compresse imbibée d'huile essentielle de vanille.

• Appliquez directement sur la peau un cataplasme de persil.

Plongez 2 poignées de persil dans 50 cl d'eau et amenez à ébullition. Ne gardez que le persil pour faire le cataplasme.

Que faire en cas de piqûre de méduse ?

Le contact avec les tentacules des méduses peut provoquer des brûlures douloureuses. Si des fragments de tentacules se sont accrochés à la peau, utilisez l'air chaud d'un sèche-cheveux : ils se détacheront d'eux-mêmes. Sinon, rincez soigneusement la plaie non pas avec de l'eau douce, mais avec de l'eau de mer, puis versez du sable sur la plaie et laissez-le sécher. Ensuite, grattez doucement ce sable, ce qui aura comme effet d'éliminer les cellules urticantes encore présentes sur la peau, et enfin désinfectez. **En cas de douleur persistante ou d'enflure, n'hésitez pas à consulter.**

EN CAS DE PIQÛRE DE MÉDUSE

• N'incisez pas la plaie.

• Ne cherchez pas à faire saigner.

– Ne sucez pas la blessure pour aspirer le venin.

• Ne posez pas de garrot sur un membre atteint.

• Ne désinfectez pas avec du vinaigre ; sur certaines piqûres de méduse, son utilisation peut être dangereuse.

Que faire en cas de morsure ?

Si vous avez été mordu par un animal, laissez saigner la plaie un instant, puis lavez-la soigneusement à l'eau et au savon. Désinfectez la zone touchée avec une solution antiseptique, puis protégez-la avec un pansement.

Et surtout assurez-vous que les rappels de votre vaccination antitétanique sont bien à jour.

Si ce n'était pas le cas, voyez votre médecin pour qu'il vous fasse immédiatement un sérum antitétanique, avant de faire ensuite le nécessaire pour une nouvelle vaccination.

Les morsures provoquées par un être humain sont aussi dangereuses que les autres ! Il faut donc les désinfecter.

Que faire en cas de morsure de serpent ?

Si les morsures de serpent sont dangereuses, elles sont rarement mortelles. Allongez la victime et calmez-la, et nettoyez soigneusement la plaie à l'eau et au savon. Désinfectez ensuite avec une solution antiseptique, puis appliquez une compresse ou un linge propre sur la morsure. Si c'est un membre qui est atteint, immobilisez-le si c'est possible. S'il s'agit d'un bras, pliez le coude à angle droit et maintenez-le contre le thorax avec une écharpe, s'il s'agit d'une jambe, faites une attelle de fortune.

En France, seules les morsures de vipère sont dangereuses. Elles déclenchent une enflure rouge violacée autour de la plaie, des crampes musculaires, des spasmes du larynx, une soif intense et une chute de la température corporelle. La mort peut survenir par suite de l'arrêt du cœur et de la paralysie des muscles respiratoires.

EN CAS DE MORSURE DE SERPENT

- N'incisez pas la plaie.
- Ne cherchez pas à la faire saigner.
- Ne sucez pas la blessure pour aspirer le venin.
- Ne posez pas de garrot sur un membre atteint.
- Ne donnez jamais d'aspirine à la victime, même si la douleur est vive.
- N'utilisez pas sans autorisation médicale un sérum antivenin, sauf si vous vous trouvez dans un lieu très isolé, sans possibilité de prévenir les secours. Si vous devez pratiquer une injection, elle doit se faire soit au voisinage de la plaie, soit à la cuisse.

La pharmacie idéale à avoir chez soi

Même si vous avez la chance d'avoir une pharmacie en bas de chez vous, il est nécessaire que vous ayez en permanence certains produits sous la main pour soigner et apaiser au plus vite vos petits bobos et ceux de votre famille. La pharmacie idéale devrait également renfermer les médicaments prescrits par votre médecin. Toutefois n'oubliez pas que, s'il est peut-être tentant de réutiliser d'anciennes prescriptions sans son avis pour une maladie qui vous semble analogue, vous pourriez risquer de graves complications !

Sachez-le, l'automédication peut être dangereuse ! N'hésitez pas non plus à demander conseil à votre pharmacien, il vous aidera à personnaliser votre pharmacie en fonction des besoins de chaque membre de votre famille.

Une pharmacie doit comporter :

En cas de brûlure légère et d'irritation
Une crème du type Biafine®. Cette crème est très efficace à condition de l'appliquer en couche épaisse, sans l'étaler, afin que la peau absorbe ce dont elle a besoin.

En cas de petite égratignure ou de piqûre
Du coton, des ciseaux à bout rond, une pince à épiler, des pansements pré-découpés de tailles différentes, du sparadrap, une bande Velpeau de 6 cm de largeur et une de 10, piquées de deux épingles de sûreté, des compresses stériles en emballage individuel, une solution antiseptique locale qui ne pique pas (à utiliser après avoir lavé la plaie au savon de Marseille).

En cas de fièvre et de petite douleur
Un thermomètre, un flacon d'alcool modifié à 70° pour désinfecter le thermomètre, des ciseaux, une pince à épiler, de l'aspirine ou n'importe quel médicament à base de paracétamol. Faites attention au surdosage et aux contre-indications du paracétamol. La posologie doit être absolument respectée, sinon des répercussions graves sur la santé peuvent être occasionnées.

En cas d'hématome
De l'arnica gel, que vous appliquerez sans l'étaler.

En cas de rage de dents
De l'huile essentielle de clou de girofle. En attendant un rendez-vous chez le dentiste, ce produit calmera la douleur si vous en versez une goutte sur la dent malade.

En cas de piqûre d'insecte et de démangeaisons
Une crème, un gel ou une lotion contre les démangeaisons.

En cas de poussière dans un œil ou d'encombrement nasal
Du sérum physiologique en minidoses. N'oubliez pas qu'il faut toujours jeter la dose après chaque utilisation, surtout pour les soins oculaires.

S'il y a un petit enfant
Un mouche-bébé.

• Rangez produits et médicaments dans une armoire hors de portée des enfants, si possible fermée à clé, dans un endroit sec, l'humidité et la chaleur pouvant altérer les produits pharmaceutiques.

• Ne sortez vos médicaments qu'au moment où vous en avez besoin, et remettez-les tout de suite à leur place.

• Remettez toujours une plaquette de médicaments dans son emballage.

• Ne rangez jamais un médicament dans une boîte qui ne lui correspond pas.

• Dans la pharmacie, trouvez une étagère, une trousse ou une boîte pour y placer les médicaments des enfants. Ne les mélangez pas avec les vôtres.

• Ne jetez pas les notices !

• Pour plus de sécurité, même si vous avez conservé les notices, écrivez sur chaque boîte les doses prescrites et les recommandations du médecin.

• Poursuivez toujours votre traitement jusqu'au terme prescrit.

• Ne prenez jamais un médicament dont la couleur ou la consistance a changé.

• Ne gardez pas plus d'un an un tube de crème entamé.

• Procédez chaque année à un inventaire de votre pharmacie, enlevez-en les médicaments périmés et confiez-les à votre pharmacien.

• Nettoyez régulièrement votre pharmacie.

• Si la taille de la pharmacie le permet, placez-y un classeur dans lequel vous glisserez les ordonnances anciennes, et un autre pour les ordonnances en cours, ainsi vous retrouverez rapidement la bonne posologie pour chaque membre de la famille.

Les douleurs au cou, aux épaules et au dos

L'arthrose cervicale

L'arthrose cervicale, appelée également cervicarthrose, une maladie articulaire fréquente, apparaît généralement à la quarantaine. Elle touche la partie basse des vertèbres cervicales, et, en raison d'une lente dégradation du cartilage, diminue progressivement la mobilité du cou. La douleur peut s'étendre à l'épaule et au bras.

L'arthrose cervicale est fréquente chez les personnes qui ont une mauvaise position, surtout celles qui travaillent sur un clavier. Le port d'un collier cervical en mousse, en soutenant la tête et en la maintenant dans une bonne position, soulagera les douleurs du cou. La kinésithérapie, l'utilisation d'un oreiller anatomique, parfois l'acupuncture peuvent soulager l'arthrose.

ASTUCES

SOULAGER L'ARTHROSE CERVICALE

Les comprimés ou capsules
La racine de griffe du diable (Harpagophytum) est un excellent anti-inflammatoire naturel. La posologie est de 1 ou 2 comprimés (ou capsules) de 500 mg, trois fois par jour, soit de 1,5 à 3 g par jour. Toutefois, les dosages peuvent varier suivant le type d'extrait. Suivez les indications du fabricant.

Les massages
L'arnica, sous forme de gel, de crème, de pommade soulage la douleur. La consoude, sous forme de gel, est aussi efficace.

Les tisanes
Buvez 2 tasses chaque jour d'infusion de cassis (Ribes nigrum). Cette plante possède des propriétés anti-inflammatoires reconnues. Faites infuser de 5 à 12 g de feuilles séchées dans 25 cl d'eau bouillante durant 15 minutes.

Le torticolis

Une mauvaise position pendant le sommeil, un courant d'air ou un mouvement brusque de rotation peuvent provoquer une contracture de l'un des muscles qui permettent les mouvements de la tête. On appelle cette impossibilité de tourner convenablement la tête un torticolis. En l'absence de soins, le torticolis peut devenir chronique et entraîner une mauvaise posture permanente.

Attention, si vous avez le cou très raide, de la fièvre et mal à la tête, consultez immédiatement un médecin pour vérifier que vous n'avez pas une méningite.

– pour téléphoner, utilisez un casque ou un téléphone avec haut-parleur, surtout si vous parlez beaucoup.

À la maison :
– si le stress est à l'origine des douleurs, pratiquez des exercices de relaxation ;

– plusieurs fois par jour, dès que la douleur a diminué, renforcez vos muscles en tournant la tête, le plus doucement possible ;

– si vous souffrez, massez votre cou avec un baume.

Au lit :
– si vous dormez sur le côté, faites attention à garder le nez aligné avec le centre de votre corps ;

– si vous dormez sur le dos, n'utilisez pas des oreillers qui vous font incliner la tête vers l'avant ;

– utilisez un oreiller cervical et un matelas ferme. La qualité de la literie et de l'oreiller est essentielle.

En voiture :
– vérifiez que votre siège soutient bien votre tête et le bas de votre dos.

Dehors :
– marchez le plus possible la tête droite, et surtout pas penchée en direction du sol ;

– faites attention aux chauds et froids, aux refroidissements. Si le vent souffle, si vous êtes dans un courant d'air, couvrez votre cou.

Et surtout, sauf avis médical, n'autorisez aucune manipulation intempestive sur votre cou...

Le mal de dos

Si vous fournissez des efforts trop intenses ou trop violents – en soulevant des objets lourds, en déplaçant des meubles, ou quelquefois en pratiquant un sport –, vous risquez d'avoir mal au dos.

Les lumbagos et les sciatiques sont particulièrement fréquents lors des douleurs liées à un effort.

Des postures inhabituellement prolongées éloignées de la position normale au travail ou dans le lit (penché en avant, mal assis, mal couché), même un mouvement trop brusque ou forcé peuvent également causer le mal de dos.

Des fractures, des tassements des vertèbres, des problèmes articulaires, musculaires ou de ligaments (qui servent à attacher les os entre eux) peuvent également survenir. Le stress aggrave souvent cet état.

Le mal au dos n'est pas une maladie, mais un symptôme, il faut donc en rechercher la cause. En effet, il peut s'agir d'une infection, d'un rhumatisme inflammatoire ou encore d'autres maladies qui n'ont rien à voir avec les vertèbres.

Si la douleur s'installe d'une façon chronique ou si les récidives sont fréquentes, un avis médical s'impose.

Cet avis s'impose avec encore plus d'urgence si le mal de dos s'accompagne de fièvre, de nausées ou de vomissements, d'une douleur à l'estomac, d'une sensation de faiblesse, de sueurs, d'engourdissements au niveau d'une jambe, d'un pied, de l'aine ou autour du rectum, si vous ne pouvez plus contrôler vos urines ou vos selles, si la douleur provient d'une blessure ou si vous êtes dans l'incapacité de vous déplacer.

BIEN DORMIR, SANS COURBATURES, AVEC UNE BONNE LITERIE

Un tiers de notre existence se passe en position couchée, à dormir. Nous avons donc besoin d'un lit parfaitement adapté à notre corpulence, à notre taille ou à notre position favorite. Son rôle est de faciliter une relaxation musculaire complète tout en offrant à notre corps un soutien suffisant. Un matelas déformé, en cuvette, trop mou ou trop dur peut provoquer des affections vertébrales. Un oreiller mal adapté risque de déclencher des douleurs au niveau de la nuque, du cou ou des épaules. Vous ne devez en aucun cas vous réveiller avec des courbatures et des douleurs diffuses au niveau du dos, et votre sommeil ne doit pas être gêné par une mauvaise literie.

L'ACHAT D'UN MATELAS ET D'UN SOMMIER EST UN ACTE IMPORTANT

- *Une literie se change entièrement tous les 10 ans.*
- *Afin d'éviter l'usure du matelas et sa déformation, retournez-le une fois à la tête et une fois au pied, et changez-le de sens une fois de droite à gauche. Cette rotation doit s'effectuer environ tous les trois mois.*

Éviter le mal de dos

- Travaillez vos muscles abdominaux. Un ventre musclé est le garant d'un dos sans problème.
- Si vous devez soulever un objet, évitez de vous pencher vers l'avant mais accroupissez-vous en maintenant votre dos bien droit et en serrant l'objet contre votre corps.
- Si vous devez déplacer des objets lourds, ne les tirez pas mais poussez-les.
- Si vous devez rester des heures assis à votre bureau ou au volant d'une voiture, pensez à vous lever et à vous étirer de temps en temps.
- Ne portez pas de chaussures à talons trop hauts.

APAISER LE MAL DE DOS

Les cataplasmes

• Confectionnez un cataplasme de chou, d'oignons et de son. Faites cuire ensemble dans un peu d'eau 3 à 4 feuilles de chou, 2 oignons hachés et 4 poignées de son. Filtrez, laissez refroidir un peu puis placez ce mélange dans une compresse. Appliquez sur la région douloureuse et gardez pendant 2 heures.

• Appliquez sur l'endroit douloureux des feuilles de chou crues.

• Appliquez sur la zone douloureuse un cataplasme d'argile. Versez de l'argile bien sèche, en poudre ou en fragments, dans un saladier, et couvrez-la d'eau. Remuez à peine car l'argile se dilue toute seule. Couvrez d'un linge propre puis laissez reposer pendant plusieurs heures, le matin pour le soir, par exemple. À l'aide d'une spatule en bois, mettez l'argile dans un linge en coton ou, mieux, une large feuille de chou (si la pâte est trop solide ajoutez un peu d'eau, si elle est trop liquide, un peu d'argile) et fermez soigneusement ce paquet, qui aura une épaisseur de 1 à 2 cm.

Les tisanes

• Buvez toute la journée, entre les repas, pendant 1 à 4 semaines, une tisane d'aubier de tilleul. Jetez 50 g d'aubier de tilleul dans une casserole remplie de 1 litre d'eau, faites chauffer à feu doux, puis portez à ébullition jusqu'à ce qu'un quart du liquide s'évapore.

• Buvez le soir au coucher une infusion de Santane A4 en sachet.

• Buvez 10 cl d'infusion de racine de griffes du diable avant chaque repas. Attention, cette préparation est très amère. Jetez 1,5 g de racines séchées dans 30 cl d'eau bouillante. Laissez macérer pendant 8 heures, puis filtrez.

Les massages

• Diluez 8 à 10 gouttes d'huile essentielle d'eucalyptus dans une huile à massage.

• Faites macérer 100 g de sommités de fleurs de bruyère dans 50 cl d'huile d'olive. Remuez souvent. Filtrez 10 jours plus tard. Massez-vous avec cette macération deux à trois fois par jour.

Les bains

• Versez 5 gouttes d'huile essentielle d'eucalyptus dans l'eau chaude du bain.

• *Faites couler l'eau chaude du bain (200 litres environ) sur un sachet contenant des algues coupées ou pulvérisées. Restez une demi-heure dans le bain en malaxant le sachet. Lorsque vous sortez du bain, ne vous essuyez pas, enfilez un peignoir puis allongez-vous pendant 1 heure environ. Si besoin est, prenez ensuite une douche tiède.*

En complément...
• *Saupoudrez tous vos plats d'algues séchées (3 g par jour).*
• *Renforcez l'effet du cataplasme au chou en buvant un bouillon de chou (4 ou 5 feuilles dans une casserole d'eau).*
• *Buvez de l'eau argileuse. Versez 2 cuillerées à café rases d'argile (5 g environ) dans un verre, délayez dans de l'eau minérale et couvrez. Laissez le verre au frais pendant quelques heures (le matin pour le soir, par exemple). N'utilisez pas le dépôt d'argile mais seulement l'eau au-dessus.*

DES PETITS EXERCICES POUR DÉCONTRACTER SES ÉPAULES ET SON DOS

• *Haussez les épaules jusqu'aux oreilles, gardez la pose pendant 5 secondes, puis relâchez. Répétez le mouvement, mais en gardant la pose un peu plus longtemps à chaque fois, mais en n'excédant pas 20 secondes.*

• *Asseyez-vous sur une chaise, le dos bien droit, les genoux serrés, les pieds à plat au sol. Placez le bout de vos doigts sur vos épaules, écartez les coudes, rapprochez-les lentement devant vous en les serrant, puis écartez-les à nouveau, en douceur, le plus loin possible vers l'arrière. Recommencez cet exercice une dizaine de fois, en prenant tout votre temps.*

• *Dessinez des cercles avec vos coudes, vers l'avant et vers l'arrière : levez les bras, baissez vos épaules, pliez vos coudes et dessinez, au-dessus de votre tête, une dizaine de cercles avec vos avant-bras, les mains totalement relâchées.*

La poitrine

Prendre soin de sa poitrine

Le sein, une glande principalement entourée de tissus conjonctifs et de graisse, a une fâcheuse tendance à s'affaisser et à s'aplatir. Mais si les seins sont dépourvus de muscles, le cou et les pectoraux n'en manquent pas. Le muscle pectoral constitue même le seul soutien du sein. La pratique d'exercice régulier peut donc ralentir l'affaissement inéluctable avec l'âge.

QUELQUES EXERCICES POUR LUTTER CONTRE LES SEINS TOMBANTS

Posez les mains l'une contre l'autre devant vous, comme si vous étiez en train de prier, mais en appuyant les mains l'une contre l'autre, le plus fort possible. Recommencez l'exercice une dizaine de fois au moins. Reposez-vous. Recommencez.

Les pompes sont également un bon exercice pour affermir les seins.

La beauté du buste dépend également de la qualité de la peau. Si vous ne voulez pas la voir flétrir, protégez-la du soleil, hydratez-la régulièrement, bannissez les bains trop chauds (mauvais pour la circulation) et terminez votre douche quotidienne par un jet d'eau froide sur les seins.

RAFFERMIR LES SEINS
Les massages à la macération de plantes

• Enfermez 10 g de serpolet, 10 g de géranium, 10 g de romarin et 1/2 citron coupé en morceaux dans une gaze ou un tissu de coton blanc. Fermez en sachet. Placez ce sachet dans un récipient, et versez par-dessus 30 cl d'huile d'olive vierge extra. Fermez le récipient hermétiquement et laissez macérer pendant une dizaine de jours, en faisant attention à bien imbiber le sachet d'huile.

Le onzième jour, étalez la macération sur la poitrine, puis, en mouvements circulaires, pratiquez des massages légers, en partant de la base du sein et en remontant jusqu'au cou, la main gauche massant le sein droit et vice versa. Enfilez un vieux tee-shirt et laissez agir toute la nuit.
Conservez la macération dans une bouteille, au réfrigérateur.
• Mélangez de l'huile d'olive avec 1 jaune d'œuf et le jus de 1 citron. Étalez la préparation sur les seins, puis, en mouvements toujours circulaires, massez-les. Laissez agir pendant au moins un quart d'heure.

Si votre poitrine est très affaissée, les produits auront peu d'effet. Seule la chirurgie pourra remédier au problème.

NE JOUEZ PAS AVEC VOTRE SANTÉ !

La mammographie est un examen qui devrait être pratiqué tous les 2 ans !

❀ Les seins douloureux

À certaines périodes de leur cycle, de nombreuses femmes, victimes d'un déséquilibre hormonal, ont les seins gonflés et douloureux. À la palpation, des zones fibreuses qui peuvent atteindre la taille d'un abricot se font sentir dans les deux seins. Cette inflammation mammaire, bénigne, qu'il faut pourtant surveiller, rend difficile la vie des femmes qui en souffrent.
Parlez-en à votre médecin. Après une échographie, il pourra vous rassurer et vous prescrire un traitement.

APAISER LES SEINS DOULOUREUX

Massez délicatement les seins avec de l'huile essentielle de palmarosa. Ce produit qui dégage un arôme agréable de rose et de géranium peut s'utiliser pur à même la peau, ou dilué dans un peu d'huile d'onagre.

Les crevasses aux mamelons

Ces affections, très douloureuses, sont courantes chez les mères qui allaitent. Elles guérissent rapidement à l'aide de massages au beurre de cacao, à l'huile de coco ou de différentes pommades réparatrices que prescrira le médecin.

Entre deux tétées, il est important de maintenir le bout du sein sec (séchez-le à l'aide de l'air tiède du sèche-cheveux).

Mais surtout, n'appliquez jamais avant chaque tétée aucun produit qui risquerait d'être toxique pour le bébé.

LES PALPITATIONS

La sensation de palpitations, qui se caractérise par un battement irrégulier et intempestif, une accélération du pouls (tachycardie), est rarement l'avertissement d'une maladie cardiaque. Il s'agit le plus souvent d'un trouble fréquemment rencontré chez les personnes au tempérament nerveux et anxieux.

Ce trouble n'est tout de même pas à négliger.

Il convient de consulter un médecin afin qu'il détermine si cette sensation désagréable est une fausse alarme ou le signe avant-coureur d'un problème plus profond.

Quelques conseils en cas de palpitations :
– éliminez le thé et le café ;
– buvez de l'eau.

Les règles, la contraception et la ménopause

Les règles ou menstruations

On appelle règles, flux menstruel ou menstruations l'écoulement sanguin qui se produit périodiquement par le vagin chez les femmes en âge de procréer, c'est-à-dire chez la jeune fille au cours de sa puberté jusqu'à la ménopause.

Les règles durent en général de 3 à 7 jours en l'absence de fécondation. La quantité de sang est variable suivant les cycles. Un cycle courant est de 28 jours, mais il peut varier entre 19 et 35 jours. Les menstruations surviennent environ 14 jours après l'ovulation, quelle que soit la longueur du cycle.

On appelle ovulation la période où l'ovule descend dans une trompe. Une femme n'est fécondable que durant cette période, c'est-à-dire 2 à 3 jours par mois.

Les règles peuvent être accompagnées de troubles divers.

ATTÉNUER LE SYNDROME PRÉMENSTRUEL

• La rétention d'eau et la prise de poids peuvent être soulagées par une alimentation pauvre en graisses et le fait de boire beaucoup d'eau.

• Prenez 1 gélule d'huile d'onagre, trois fois par jour, à chaque repas, pendant les 10 jours qui précèdent les règles.

• Buvez 3 infusions de mélisse par jour. Faites une infusion en versant 50 cl d'eau bouillante sur 75 g de feuilles fraîches, ou 25 g de feuilles sèches. Laissez infuser pendant 10 minutes, puis filtrez.

• Buvez une infusion de camomille romaine (5 à 10 g de fleurs séchées pour 1 tasse d'eau).

• Buvez une infusion de persil (50 g de feuilles pour 1 litre d'eau), à raison de 4 tasses par jour 2 à 3 jours avant les règles.

En cas d'anxiété

• Buvez 2 à 3 tasses d'infusion de passiflore par jour (anxiolytique) à la fin des repas. Faites une infusion en versant 1 litre d'eau bouillante sur 20 g

Le syndrome prémenstruel

C'est un ensemble de souffrances annonçant l'arrivée des règles qui se manifestent par :
– des seins tendus ;
– des douleurs abdominales ;
– une sensation de gonflement ;
– des migraines ;
– des nausées ;
– de l'irritabilité ;
– de la déprime et de l'anxiété ;
– des difficultés de concentration.
Si ce syndrome dure plus de 8 jours et se répète chaque mois, vous devez en discuter avec votre gynécologue.

ATTÉNUER LES RÈGLES DOULOUREUSES

• Certains analgésiques et une bouillotte sur l'abdomen peuvent soulager les crampes.
• Prenez un bain de siège froid pendant 5 minutes chaque matin.
• Massez votre ventre avec un mélange composé de 1 cuillerée à soupe d'huile d'olive et de 2 gouttes d'huile essentielle de sauge.
• Appliquez sur votre bas-ventre un cataplasme chaud (mais pas brûlant) de son et de lierre grimpant. Jetez 5 poignées de son et 2 poignées de lierre dans une casserole remplie d'un peu d'eau. Faites cuire la préparation, puis versez-la dans un linge.
• Appliquez sur votre ventre un cataplasme de feuilles de chou. Plongez 3 à 4 feuilles de chou fraîches dans 1 litre (4 tasses) d'eau. Faites bouillir pendant 20 minutes, laissez refroidir un peu, puis trempez un linge dans cette préparation.

Les tampons et les serviettes hygiéniques

Les tampons

Les tampons ne provoquent pas d'infection. Il faut seulement en changer souvent (trois à quatre fois par jour), penser à se laver les mains avant (et après) la pose, et éviter de les utiliser quand les règles sont peu abondantes. Le port de tampon la nuit n'est pas recommandé.

Les serviettes hygiéniques

Afin d'éviter une irritation et une macération des germes, qui pourraient entraîner une infection, il faut changer souvent de serviette dans la journée, au moins quatre fois. Lors du port de serviettes, les pantalons serrés ou les strings ne sont pas l'idéal.

NE PAS PRÊTER ATTENTION AUX IDÉES REÇUES !

Lors des règles, rien n'empêche de faire l'amour, de prendre des bains, de se laver les cheveux, de boire froid, de faire du sport, de se baigner dans la piscine ou dans la mer, à condition de se protéger avec un tampon.

QU'EST-CE QU'UNE AMÉNORRHÉE ?

On appelle aménorrhée l'absence des règles, après la puberté, en dehors de l'état de grossesse et de la ménopause. On parle d'aménorrhée primaire quand les règles ne sont jamais apparues et d'aménorrhée secondaire

quand elles ont disparu. La disparition des règles peut être causée par un entraînement sportif excessif, un amaigrissement important, le stress, la prise de certains médicaments ou certaines maladies.
La disparition des règles pendant 3 mois consécutifs doit faire l'objet d'une consultation médicale.

La contraception

La pilule contraceptive est la méthode la plus utilisée par les femmes, ensuite viennent le stérilet puis le préservatif masculin.

La pilule contraceptive

Les pilules contiennent différentes quantités d'œstrogènes et de progestatifs, et certaines seulement un progestatif. Si, après la prise de votre pilule, vous ressentez quelques effets secondaires – nausées, maux de tête, tension mammaire, ballonnements ou saignements entre les règles –, n'hésitez pas à en parler à votre médecin. Il vous en prescrira une autre. Suivez attentivement la prescription. Des pilules sont à prendre tous les jours du cycle, d'autres seulement pendant 21 jours, vous permettant une semaine de pause dans leur prise. Mais quelles qu'elles soient, il faut suivre soigneusement la prescription, les prendre à la même heure chaque jour, et, avant d'entamer une plaquette, ne pas oublier de vérifier la date de péremption.

Le stérilet ou dispositif intra-utérin (DIU)

Le médecin, et le médecin uniquement, se charge de le poser en l'introduisant par le col de l'utérus et en le plaçant au fond de l'utérus. Les plus courants sont constitués d'une armature plastique recouverte partiellement de cuivre. Mais il en existe avec des manchons de cuivre sans armature plastique et d'autres contenant un réservoir de progestatif. Les uns comme les autres sont opérants dès leur pose.
Cette méthode a l'avantage d'être efficace et peu contraignante, mais elle a parfois l'inconvénient d'engendrer des douleurs et des saignements en dehors des règles, et surtout des infections en cas de partenaires multiples.
Une surveillance médicale régulière de une à deux fois par an s'impose pour une femme qui porte un stérilet.

Les préservatifs

Utilisés correctement du début jusqu'à la fin des relations sexuelles, ce sont de bons moyens de contraception et surtout de protection contre les infections. Il en existe de deux sortes : le préservatif féminin et le préservatif masculin.

Si le préservatif se déchire, il est possible de prendre la pilule du lendemain. Délivrée sans ordonnance, cette pilule se prend en une ou deux prises, suivant les marques.
Son efficacité dépend de la rapidité de la prise après le rapport sexuel : 95 % d'efficacité dans les 24 heures et 85 % après 24 heures, jusqu'à 48 heures.

Le préservatif féminin est une poche en polyuréthane conçue pour tapisser entièrement la paroi vaginale et les petites lèvres, empêchant tout contact, et surtout celui du sperme et des muqueuses.

Le préservatif masculin est une poche en latex (ou en polyuréthane en cas d'allergie) à poser sur le sexe en érection avant toute pénétration. Il doit être changé à chaque nouveau rapport. Il peut se déchirer s'il est mal posé ou si deux préservatifs ont été superposés, ce qui cause des frottements et, à la longue, un déchirement. Pour réduire ces risques de rupture, un gel lubrifiant à base d'eau est conseillé.

La ménopause

À la fin de la quarantaine, les ovaires ne produisent plus d'ovules et ne fabriquent qu'une faible quantité d'œstrogènes. Les menstruations cessent. À la cinquantaine, si les règles ne sont plus venues pendant un an, la ménopause est installée. Comme il s'agit d'un processus parfaitement naturel, aucun traitement n'existe pour lutter contre la ménopause. En revanche sont indiqués des traitements pour lutter contre les désagréments qu'elle peut entraîner. Ce sont :
– les bouffées de chaleur et les sueurs nocturnes ;
– la prise de poids ;
– l'incontinence urinaire ;
– les infections urinaires ;

- les palpitations ;
- l'insomnie, l'épuisement ;
- la fatigue ;
- la sécheresse vaginale ;
- la diminution de la libido ;
- l'irritabilité ;
- les changements de l'humeur ;
- l'anxiété et la nervosité ;
- le manque de concentration et les problèmes de mémoire.

La ménopause installée, la marche, la natation ou l'exercice physique trois fois par jour vous aideront à conserver la solidité de vos os et votre force musculaire.

Le traitement le plus efficace contre les désagréments de la ménopause est le traitement hormonal substitutif de la ménopause (THS). Mais il est aussi le plus décrié, en raison de certaines publications l'accusant d'être à l'origine de cancers du sein. Seul votre médecin peut vous le prescrire.

Les bouffées de chaleur

Elles représentent le symptôme le plus caractéristique de la ménopause. De durées et de fréquences variables, très spectaculaires, elles se manifestent à n'importe quel moment, le jour, la nuit, au travail ou lors du sommeil, par une brusque sensation de chaleur au niveau du décolleté, du cou et remontant vers le visage.

Elles s'accompagnent d'une rougeur de la peau et de sueurs. Quand la bouffée de chaleur cesse, les sueurs deviennent froides, et suivent des frissons.

Il est possible d'atténuer les bouffées de chaleur en :
- diminuant le chauffage l'hiver ;
- dormant dans une pièce fraîche et aérée ;
- évitant les repas trop copieux ou trop épicés ;
- ne prenant plus de bain trop chaud ;
- modérant sa consommation de café, d'alcool et de tabac ;
- portant des vêtements en fibres naturelles.

DIMINUER L'INTENSITÉ DES BOUFFÉES DE CHALEUR

• Buvez 3 infusions de sauge par jour en préparant chaque jour une nouvelle infusion. Faites bouillir la valeur de 1 bol d'eau, ajoutez 1 pincée de feuilles et de fleurs séchées. Laissez infuser pendant 10 minutes avant de boire.

• Buvez 2 à 3 tasses par jour de tisane d'aubépine, et surtout le soir avant le coucher. Faites une tisane avec 20 g de pétales secs pour 50 cl d'eau. Vous pouvez aussi trouver du vin d'aubépine ou des gélules.

• Avant le coucher, buvez 2 à 3 tasses de tisane sédative à base de 50 g de fleurs et de feuilles de passiflore sucrées au miel de tilleul.

• Dès les premières apparitions des bouffées de chaleur, prenez 1 g de ginseng en poudre par jour, en deux prises, le matin à 10 heures et l'après-midi à 16 heures, loin des repas.

Les femmes ménopausées, surtout si elles ne sont pas sous traitement hormonal, doivent, pour se prévenir de l'ostéoporose, faire attention à leur régime alimentaire.

L'ostéoporose

C'est une maladie du squelette qui se caractérise par une diminution de la densité osseuse. On l'appelle aussi maladie des os. Lorsque l'ostéoporose est avancée, cette fragilité osseuse risque d'entraîner des fractures spontanées ou lors de légers traumatismes. Les fractures les plus concernées sont celles du poignet, de la hanche – la fracture du col du fémur – et le tassement vertébral.

La fracture de la hanche et le tassement vertébral sont les conséquences redoutées de l'ostéoporose, car elles marquent souvent l'entrée en dépendance. La carence en calcium, en vitamine D, l'alcoolisme, le tabagisme, la maigreur et la sédentarité en sont les facteurs aggravants. L'exercice et une alimentation riche en calcium et en vitamine D sont les armes de prévention majeures de cette maladie.

Le calcium

La consommation idéale de calcium par jour devrait être de 1 200 à 1 500 mg pour les femmes ménopausées et les hommes âgés. En effet, les hommes, tout comme les femmes, peuvent en vieillissant être victimes de désordres hormonaux, lesquels sont susceptibles, surtout s'ils n'y prêtent pas attention, d'altérer leur humeur et leur santé. Cette consommation correspond à cinq produits laitiers par jour : yaourt, lait, fromage, beurre… Les meilleures sources de calcium sont les fromages pressés et cuits comme le parmesan, le gruyère, l'emmental, le comté, avec un apport de 1 000 à 1 350 mg pour 100 g. Écrémé ou non, le lait en contient 125 mg pour 100 g.

La vitamine D

La fonction essentielle de la vitamine D est de prévenir l'ostéoporose en assurant l'absorption et le maintien du calcium. Nos dents, nos os sont maintenus en bonne santé grâce à cette vitamine. Le problème est que la capacité de l'organisme à absorber ou à synthétiser la vitamine D diminue avec l'âge.

La vitamine D se trouve essentiellement dans les huiles de foie de poissons, les champignons, les levures alimentaires et les céréales, le germe de blé, les poissons gras. Mais l'exposition au soleil de 10 à 15 minutes par jour sur le visage, les bras et les mains l'après-midi est de loin la meilleure source en vitamine D.

FAVORISER LA SOLIDITÉ DES OS

L'œuf au citron
Le soir, placez 1 œuf entier, bien nettoyé, sans le casser, dans un verre. Versez dessus le jus de 1 ou de plusieurs citrons, de façon à le recouvrir entièrement. Buvez le matin, au réveil, durant 21 jours, le jus de citron. Le citrate de calcium ainsi obtenu est un excellent moyen de se recalcifier.

Les infusions
Buvez 1 tasse matin, midi et soir, après les repas, d'infusion de prêle ou de bambou. Ce sont des plantes reminéralisantes.

L'huile de foie de morue
Prenez des gélules d'huile de foie de morue, qui est un excellent fixateur du calcium.

Les bienfaits du soja
Sous forme de tofu, de salade ou cuit, le soja est énergétique et reminéralisant.

Les troubles de l'estomac

L'aérophagie

Ce terme signifie littéralement « manger de l'air ».

Nous déglutissons de l'air quand nous mangeons, quand nous avalons de la salive ou quand nous buvons. La présence d'air dans l'estomac est un phénomène normal. Mais dans certains cas, une accumulation excessive d'air dans l'estomac peut entraîner des digestions difficiles, qui s'accompagnent d'une sensation de pesanteur de l'estomac, d'éructations ou de rots plutôt gênants.

Si cette affection devient handicapante, n'hésitez pas à consulter votre médecin. Il recherchera une éventuelle pathologie organique.

Quelques conseils en cas d'aérophagie

• Faites en sorte que vos repas se déroulent dans le calme et en bonne compagnie.

• À table, ne parlez pas la bouche pleine, mastiquez lentement chaque bouchée.

• Évitez de boire en mangeant.

• Ne buvez plus de boissons gazeuses.

• Si vous êtes fumeur, diminuez votre consommation de tabac.

• Ne mastiquez plus de chewing-gums.

• Ne sucez plus de bonbons.

• Ne mangez plus de soufflés, d'œufs brouillés, de mie de pain ou de meringues.

• Détendez-vous le plus possible, faites des siestes, marchez, choisissez des activités qui vous font plaisir.

– Consultez régulièrement votre dentiste.

ASTUCES

CALMER L'AÉROPHAGIE

• Buvez 1 tasse de tisane composée de semences d'angélique, de fenouil et d'anis vert, de fleurs de camomille romaine et de feuilles de basilic. Faites infuser pendant 5 à 6 minutes, dans 1 tasse d'eau bouillante, 1 grosse pincée de chaque plante.

• Versez sur un 1/2 sucre après le repas 1 goutte d'huile essentielle de basilic ou de marjolaine.

Les douleurs d'estomac

Les douleurs au niveau de l'estomac peuvent se manifester par des brûlures ou des crampes, regroupées sous le terme de gastrite. Il s'agit de l'inflammation de la muqueuse de l'estomac. L'estomac produit de l'acide et des enzymes très puissants afin de pouvoir digérer les aliments. Mais parfois, lorsque la sécrétion est trop abondante, cette acidité peut endommager la paroi de l'estomac et provoquer des lésions qui peuvent être superficielles (gastrite) ou plus profondes (ulcère). L'importance de la douleur ne traduit pas forcément la gravité de l'irritation. Ainsi, un ulcère peut se manifester seulement par une gêne et une gastrite par des crampes douloureuses.

Les brûlures d'estomac

Elles peuvent s'accompagner de maux de ventre, de nausées, d'un goût acide dans la bouche en cas de régurgitation ou d'une douleur à la déglutition. Les brûlures d'estomac ne sont pas à prendre à la légère, car elles peuvent parfois mener à des hémorragies ou à d'autres graves maladies. Il faut donc consulter un médecin, surtout si ces brûlures s'accompagnent d'accès de toux en position couchée, de fièvre, de douleurs et de brûlures sur une durée de plus de quatre semaines.

APAISER LES BRÛLURES D'ESTOMAC

• Buvez au moment des douleurs, puis avant chaque repas, matin, midi et soir, pendant 15 jours, 1/2 verre d'eau argileuse. Versez 2 cuillerées à café rases d'argile (5 g environ) dans un verre et délayez-la avec de l'eau minérale. Couvrez, puis laissez le verre au frais pendant quelques heures (le matin pour le soir, par exemple). N'utilisez pas le dépôt d'argile mais seulement l'eau au-dessus.
• Buvez trois fois par jour, après les repas, 1 tasse d'infusion de serpolet. Jetez 15 g de serpolet dans 1 litre d'eau bouillante, laissez infuser pendant 10 minutes puis filtrez.
• Buvez 1/2 verre de jus de pommes de terre (passées à la centrifugeuse) trois ou quatre fois par jour pendant un mois. Sucrez avec 1 cuillerée à thé de miel pour atténuer le goût désagréable.
• Mâchez longuement après chacun des trois repas, pendant une demi-heure au moins, comme si c'était un chewing-gum, 1 g de propolis. La propolis est vendue sous forme de tablettes.

Les crampes d'estomac

Elles peuvent survenir sous forme de contractions constantes ou spasmodiques et être accompagnées de ballonnements, de flatulences, de diarrhée ou de constipation.

Certaines intolérances alimentaires, le stress ou la nervosité peuvent provoquer ces crampes, qui sont gênantes, désagréables et souvent douloureuses, mais heureusement faciles à traiter avec l'aide d'un médecin.

SOULAGER LES CRAMPES D'ESTOMAC

Le cataplasme

Appliquez, seulement au moment des douleurs, un cataplasme d'argile chaude au creux de l'estomac.

La recette du cataplasme d'argile

Versez de l'argile bien sèche, en poudre ou en fragments, dans un saladier, et recouvrez-la d'eau. Remuez à peine car l'argile se dilue toute seule. Couvrez d'un linge propre puis laissez reposer pendant plusieurs heures, le matin pour le soir, par exemple. Ne faites pas chauffer l'argile sur le feu mais posez le saladier près d'une source de chaleur, un radiateur par exemple. Ensuite, à l'aide d'une spatule en bois, mettez l'argile chaude dans un linge en coton ou, mieux, une large feuille de chou (si la pâte est trop solide, ajoutez un peu d'eau, si elle est trop liquide, un peu d'argile), et fermez soigneusement ce paquet, qui aura une épaisseur de 1 à 2 cm.

Les infusions

• Buvez, au moment des douleurs, puis après les repas de midi et du soir le plus souvent possible, une infusion de menthe poivrée. Faites infuser 5 g de feuilles et de sommités fleuries séchées dans 1 grande tasse d'eau bouillante, puis filtrez.

• Buvez, au moment des douleurs, puis après les repas de midi et du soir le

plus souvent possible, une infusion de camomille vraie (de 5 à 10 g de fleurs séchées pour 1 tasse d'eau).

• Buvez, au moment des douleurs, puis après les repas de midi et du soir le plus souvent possible, une infusion chaude de mélisse (1 cuillerée à café bombée de mélisse pour 1 bol).

• Avant le coucher, buvez 2 à 3 tasses de tisane sédative à base de 50 g de fleurs et de feuilles de passiflore sucrées au miel de tilleul.

Les principaux facteurs favorisant la gastrite peuvent être :
– une bactérie appelée *Helicobacter pylori* (*H. pylori*) ;
– la prise d'aspirine ou de médicaments anti-inflammatoires ;
– le stress ;
– la consommation de tabac (fumer stimule la sécrétion nocturne d'acide) ;
– la consommation d'alcool ;
– l'hérédité ;
– l'environnement ;
– le poids (changement rapide de poids ou obésité).

AVALER UNE PILULE EST UN CAUCHEMAR POUR VOUS OU VOS ENFANTS ?

• Mettez le médicament dans votre bouche, avalez un peu d'eau puis, contrairement aux habitudes, penchez la tête en avant et non en arrière.

• Coupez un morceau de bonbon mou et introduisez le cachet à l'intérieur.

• Laissez la pilule un moment au réfrigérateur, le froid atténuera son mauvais goût.

En cas de problèmes gastriques, évitez :
– les boissons alcoolisées (y compris le vin) ;
– le tabac (ou, si vous êtes un fumeur invétéré, fumez moins, et toujours après un repas) ;
– les conflits à table, mangez avec plaisir, en bonne compagnie, en masti-quant le plus longtemps possible ;
– les plats trop chauds, pas assez cuits ou glacés ;

– les aliments trop gras baignant dans la sauce ou les fritures ;
– les aliments épicés ou vinaigrés ;
– le pain blanc.

Préférez :
– le pain complet ou les biscottes ;
– les aliments à digestion rapide (lait écrémé, purée, compote...) ;
– l'eau plate à l'eau gazeuse.

La gastro-entérite

On parle de gastroentérite quand il y a inflammation de la muqueuse de l'estomac et inflammation des intestins. Alors, ce trouble digestif provoque des nausées, des vomissements et des diarrhées. La cause en est le plus souvent virale.

Au bout de 2 jours, si les symptômes n'ont pas disparu, une visite chez le médecin s'impose.

SE DÉBARRASSER D'UNE GASTRO-ENTÉRITE

Les infusions

• *Buvez pendant toute la journée à petites gorgées une infusion de baies de myrtilles séchées (25 g de baies séchées pour 1 litre d'eau). Recommencez le lendemain.*

• *Buvez, aussi chaud que vous le pouvez, au début des premiers symptômes, une infusion de gingembre (1/4 de cuillerée à thé de gingembre en poudre pour 1 tasse d'eau chaude). 2 à 4 tasses dans la journée suffisent.*

Lors d'une gastro-entérite, il est impératif de se réhydrater en buvant des infusions sucrées au miel ou des soupes de légumes, riches en sels minéraux.

Les troubles intestinaux

Les ballonnements et les flatulences

On appelle aérocolie l'accumulation de gaz dans les intestins due à des fermentations excessives, causées soit par un côlon irritable d'origine nerveuse, soit par une diététique mal équilibrée, provoquant des flatulences et divers borborygmes (appelés plus familièrement des vents) gênants et souvent douloureux.

Quelques recommandations en cas de ballonnements

Évitez :

– la charcuterie ;
– les plats en sauce ;
– les croissants, les brioches ;
– certains légumes, comme les choux, les choux-fleurs, les asperges, les betteraves, les artichauts, les petits pois ;
– la cuisine à l'ail, les oignons crus ou cuits ;
– les concombres et toutes les crudités ;
– les fruits crus ;
– les légumes secs : haricots secs, flageolets, pois cassés, lentilles cuites ou en salade ;
– les fromages fermentés ;
– le pain frais et surtout la mie de pain.

Faites attention à :
– vérifier l'état de vos dents et de vos prothèses dentaires ;
– ne pas porter de vêtements ajustés ou de ceintures trop serrées à la taille ;
– manger lentement, bouche fermée, en prenant le temps de bien mastiquer ;
– ne manger que du pain grillé ;
– ne boire qu'en dehors des repas, en évitant toutes les boissons gazeuses, limonades ou jus de fruits gazeux, Coca-Cola, bières avec ou sans alcool, et toutes les boissons glacées, même non gazeuses.

SE DÉBARRASSER DES BALLONNEMENTS

Prenez 1 g par jour, réparti en deux prises en milieu de matinée et d'après-midi, de charbon végétal. Croquez après chaque repas des graines de cumin.

Les infusions

• *Buvez après chaque repas, midi et soir, une infusion de badiane, appelée également anis étoilé. Laissez infuser, pendant 15 minutes, 3 à 4 étoiles pour 1 tasse à thé d'eau bouillante.*

• *Buvez après le repas du midi et du soir une infusion d'un mélange composé de badiane, de cumin, de coriandre, de carvi, de fenouil et d'angélique (1 bonne pincée de chaque plante).*

Le lait de soja

Faites chauffer dans une casserole 20 cl de lait de soja plus 1 bâton de cannelle pendant 5 minutes. Versez dans 1 tasse, puis ajoutez 1 cuillerée à thé de miel.

Le massage

En partant du nombril, avec vos doigts, exercez avec fermeté une pression en spirale, de plus en plus élargie sur le ventre, dans le sens des aiguilles d'une montre.

La constipation

La constipation est une difficulté à évacuer les selles, soit parce qu'elles sont trop peu abondantes, dures et sèches, soit parce qu'elles sont trop peu fréquentes, moins de trois fois par semaine en moyenne, et cela sur une durée pouvant atteindre plusieurs mois. Normalement les aliments digérés par l'estomac arrivent dans les intestins, qui vont se contracter pour éliminer les selles le long du tube digestif. S'il se contracte peu ou mal, les selles progressent lentement : le transit se ralentit. On parle alors d'un intestin paresseux.

Mais quand les selles sont dures et difficiles à évacuer, il s'agit dans ce cas de constipation terminale.

Si votre constipation dure depuis longtemps, vous devez consulter.

Quelques conseils pour venir à bout de la constipation

Chaque jour :
– mangez des fruits frais (à l'exception des bananes) ;
– mangez des fruits secs : raisins, prunes, abricots ou figues ;
– mangez des légumes (à l'exception des pommes de terre) ;
– mangez des légumes secs : pois chiches, haricots blancs, lentilles, soja ;
– mangez des céréales complètes, ou qui contiennent du son ;
– saupoudrez du son sur vos plats (d'abord légèrement, puis de plus en plus, graduellement, selon votre tolérance, mais sans jamais dépasser 20 g par jour) ;
– évitez la baguette, préférez le pain de seigle ou le pain complet, les galettes de son ;
– préférez le miel pour sucrer ;
– buvez beaucoup : de l'eau, des jus de fruits, du thé ou de la soupe ;
– faites de l'exercice, des abdominaux, marchez le plus possible.

Ne faites pas une fixation sur le problème ! La défécation ne doit pas forcément être quotidienne. Il est même indispensable de laisser l'intestin fonctionner à son rythme. Toutefois, si vous décidez de réagir :
– n'allez pas à la selle uniquement quand le besoin s'en fait sentir, mais tous les jours à la même heure, à l'horaire choisi par vous, et restez-y pendant au moins 5 minutes ;
– obéissez immédiatement à toute envie spontanée d'aller à la selle au moment où elle se manifeste ;
– arrêtez la prise de laxatifs ou de lavements, mais jamais s'ils ont été prescrits par votre médecin ;
– n'oubliez pas de dire à votre médecin ce que vous prenez comme médicaments ; certains provoquent la constipation.

COMBATTRE LA CONSTIPATION

ASTUCES

• *Le matin à jeun, buvez une infusion de liseron des haies (15 g de racines pour 1 litre d'eau).*

- *Le matin à jeun, buvez le jus de 1/2 citron additionné de 1 cuillerée à thé d'huile d'olive et d'un peu de sel.*
- *Le matin à jeun, buvez de l'eau de pruneau. La veille au soir, versez dans 1 verre d'eau une bonne douzaine de pruneaux.*
- *Le matin à jeun, buvez un jus de fruit dans lequel vous aurez versé 1 cuillerée à soupe bien bombée de pollen de fleurs en pelotes naturelles.*
- *Buvez un café noir additionné de citron.*
- *Mangez de la purée de carottes très chaude, bien moulinée (2 carottes pour 4 tasses d'eau).*
- *Placez un cataplasme d'argile sur votre bas-ventre et mettez une bouillotte chaude sur votre foie.*
- *Massez votre nombril, en tournant dans le sens des aiguilles d'une montre, pendant 30 secondes.*

La diarrhée

La diarrhée, relativement fréquente et généralement bénigne, se définit par le besoin urgent et fréquent d'aller aux toilettes et par l'augmentation du volume et de la fluidité des selles par rapport à d'habitude. Il y a diarrhée lorsqu'il y a plus de trois selles molles ou liquides par jour. Cette affection s'accompagne de tensions désagréables, de crampes et de douleurs abdominales. L'angoisse, le stress, la prise de certains médicaments mais encore une infection, une intolérance ou une intoxication alimentaires peuvent déclencher des diarrhées. Il est également courant de faire un épisode diarrhéique lors d'un voyage dans un pays chaud. Mais cette turista, presque toujours d'origine infectieuse ou parasitaire, se révèle le plus souvent sans gravité et de durée brève, moins de 48 heures. En général, une diarrhée aiguë dure moins de 10 jours. Elle devient chronique quand elle s'installe pendant des mois, voire des années.

Une diarrhée persistante doit impérativement être traitée par un médecin.

Quelques recommandations en cas de diarrhée

Évitez, lors d'une crise :

- la moutarde, le ketchup, les pickles et les cornichons ;
- la charcuterie ;
- les aliments sucrés, le chocolat, les friandises et les desserts ;

– les aliments épicés ;
– les aliments gras ;
– les aliments crus ;
– l'alcool ;
– le café ;
– les plats très chauds ou très froids ;
– le lait et les produits laitiers : la crème, le beurre… ;
– les légumes verts ;
– les légumes crus ;
– les légumes secs ;
– les céréales complètes ;
– les fruits acides ;
– les fruits secs.

Ne négligez pas le risque important de déshydratation !
En cas de diarrhée, buvez beaucoup d'eau minérale, à petites gorgées.

Privilégiez :
– Le riz blanc ;
– Les pommes de terre ;
– Les pâtes alimentaires ;
– Le poulet (sans peau) ;
– Les poissons maigres ;
– Les légumes pelés bouillis ;
– La banane ;
– Le pain blanc ;
– Les soupes au poulet et aux vermicelles ;
– Les potages aux carottes.

APAISER LES CRISES DIARRHÉIQUES

Buvez toute la journée à petites gorgées :
L'eau de riz
*Faites bouillir pendant 10 minutes de l'eau (4 tasses d'eau) additionnée de
2 à 3 cuillerées de riz. Filtrez. Sucrez avec 2 cuillerées à table de sucre blanc.*

Les tisanes

• *Buvez 2 à 3 tasses par jour d'alchémille. Jetez 2 cuillerées à soupe de feuilles séchées d'alchémille dans 1 tasse, puis versez de l'eau bouillante. Laissez infuser 10 à 15 minutes.*

• *Buvez 3 tasses par jour de ronce. Jetez 2 cuillerées à café de feuilles séchées de ronce dans 1 tasse, puis versez de l'eau bouillante. Laissez infuser 15 minutes.*

Mangez :
une pomme crue, mais râpée très finement ;

de l'orge, sans matière grasse ;

et saupoudrez vos aliments de levure de bière.

Calmez les douleurs
Allongez-vous et appliquez une serviette très chaude et légèrement humide sur le ventre pendant 20 minutes. (Chauffez la serviette toutes les 5 minutes.)

La colite spasmodique (syndrome du côlon irritable)

Cette affection n'est pas considérée comme une maladie, mais comme un trouble du système digestif, un désordre au niveau du transit intestinal.
Cette perturbation du fonctionnement de l'intestin, souvent liée au stress, s'accompagne épisodiquement de douleurs abdominales, de diarrhées et de constipation en alternance, de ballonnements et de flatulences, et parfois même de nausées.

Il s'agit d'un trouble bénin mais très handicapant. Heureusement, la plupart du temps, un changement dans les habitudes et l'alimentation peut en venir à bout.

Quelques recommandations en cas de colite spasmodique
Évitez :
– le lait, les produits laitiers et surtout les fromages fermentés ;
– les fruits et les jus de fruits acides (citron, raisin, pomme, ananas, tomate) ;
– la charcuterie ;
– les viandes fumées ;
– les ragoûts ;
– les fritures ;
– les crudités ;
– les plats fortement épicés ;
– les haricots secs, les fèves et les lentilles ;
– les choux, les choux-fleurs, les choux de Bruxelles, les brocolis, les petits pois ;
– les aliments à base de gluten ;
– les aliments trop gras ;
– les sucres raffinés ;
– le café, le thé, les boissons à base de cola ;
– les boissons gazeuses et l'alcool ;
– le pain blanc frais.

Privilégiez :
– le pain complet ou les biscottes ;
– les céréales complètes, et le riz complet particulièrement ;
– le sucre roux ;
– les fruits cuits en compote ;
– les légumes cuits à l'étouffée ;
– les viandes maigres grillées ;
– le jambon maigre ;
– les poissons maigres ;
– les purées de légumes (en évitant la consommation de pommes de terre) ;
– les soupes de légumes ;
– l'eau plate à l'eau gazeuse (Il est essentiel de boire 1 à 2 litres par jour).
Aussi, changez vos habitudes :
– mastiquez lentement, en mâchant bien vos aliments ;
– fractionnez vos repas : six petits repas valent mieux que trois gros ;
– mangez à heures fixes ;

– prenez vos repas dans le calme, et si possible en bonne compagnie ;
– prenez le temps de vous reposer ;
– évitez le stress ;
– pratiquez un sport : marchez, nagez en piscine ou dans la mer.

APAISER LA COLITE SPASMODIQUE

• *Buvez dans la journée, entre les repas, une infusion de camomille romaine, sucrée avec du miel (5 à 10 g de fleurs séchées pour 1 tasse d'eau).*
• *Buvez du jus d'aloès. Anti-inflammatoire naturel, drainant, cicatrisant, il a la qualité de réguler les voies digestives.*
• *Buvez de l'eau argileuse, deux fois par jour, avant les repas du matin et du soir. Versez 2 cuillerées à café rases d'argile (5 g environ), si possible blanche, dans 1 verre, et délayez dans de l'eau minérale. Couvrez, puis laissez le verre au frais pendant quelques heures (le matin pour le soir, par exemple). N'utilisez pas le dépôt d'argile mais seulement l'eau au-dessus.*
• *L'argile, grâce à son action digestive et à son pouvoir antiacide, absorbe les gaz, les toxines, les sécrétions digestives en excès, et régularise le transit intestinal. On peut la consommer sous forme de comprimés.*
• *Le magnésium, pris sous forme de gélules, fait également merveille sur les colites spasmodiques.*
• *Demandez conseil à votre médecin.*

La digestion difficile (dyspepsie)

Le terme de dyspepsie regroupe un ensemble de troubles souvent bénins : des douleurs diffuses dans la région supérieure de l'abdomen, une impression de satiété trop rapide ou au contraire l'impression, même après plusieurs heures, que les aliments pèsent dans l'estomac, une sensation de brûlures d'estomac, une remontée d'acide dans la gorge, des éructations fréquentes et prolongées, une augmentation des ballonnements abdominaux ou des haut-le-cœur, une migraine, des nausées, des vomissements.

Quelle qu'en soit la cause, de temps à autre, il arrive à chacun d'entre nous de mal digérer. Mais si cette mauvaise digestion persiste, surtout ne la laissez pas devenir chronique, consultez au plus vite un médecin.

Les précautions à prendre en cas de mauvaise digestion :
— mangez à heures fixes, dans le calme et en prenant votre temps ;
— mastiquez soigneusement chaque bouchée ;
— mangez les aliments bien cuits, chauds ou froids, mais jamais brûlants ou glacés ;
— ayez un régime alimentaire varié et équilibré ;
— évitez les repas trop riches et trop épicés, les aliments gras, les sardines ou le thon à l'huile en boîte, les graisses, la mayonnaise, les fritures, les sauces, la charcuterie, les choux-fleurs, les choux (sauf sous forme de choucroute), les fromages gras, les crustacés, les pâtisseries lourdes, le chocolat ;
— ne mangez pas trop ;
— diminuez votre consommation de vin ou d'alcool fort ;
— buvez de l'eau, et si possible toute la journée, entre les repas.

Privilégiez :
— les grillades, les volailles rôties ou grillées, le jambon maigre, les poissons maigres, les œufs frais (à la coque) ;
— les potages aux légumes, les bouillons dégraissés, le riz, la semoule, les pommes de terre en purée ou en robe de chambre, les pâtes, les légumes verts bien cuits ;
— le lait et les laitages écrémés, les yaourts, les fromages frais (mais peu de beurre frais) ;
— les fruits cuits.

APAISER UNE DIGESTION DIFFICILE

• *Buvez après chaque repas une tisane au persil. Versez dans une casserole le contenu de 1 tasse d'eau froide additionnée de 2 branches de persil frais. Portez à ébullition pendant 3 minutes, puis filtrez et sucrez avec du miel.*
• *Buvez après chaque repas une tisane à la coriandre. Versez dans une casserole le contenu de 1 tasse d'eau froide additionnée de quelques branches de coriandre fraîche. Portez à ébullition pendant 3 minutes, puis filtrez et sucrez avec du miel. La coriandre calme les ballonnements et les spasmes digestifs.*

• *Buvez entre les repas, dans la journée, une infusion de menthe. Laissez infuser des feuilles pendant 10 minutes. La menthe est idéale pour calmer les crampes digestives, les nausées, les spasmes intestinaux et les ballonnements.*

• *Buvez toute la journée une infusion de thym ou d'aneth.*

• *Buvez toute la journée une infusion de sauge ou de graines de fenouil. La sauge, comme les graines de fenouil, stimule la production de bile et facilite la digestion des aliments trop gras.*

• *Buvez avant chaque repas une tisane de pissenlit (appelé aussi dent-de-lion). Jetez dans 1 litre d'eau une poignée de pissenlit, faites bouillir pendant 2 minutes puis infuser pendant 10 minutes.*

Il est à noter qu'il était courant autrefois de faire des cures de jus de pissenlit. Durant un mois, au début du printemps, matin et soir, la prise d'une bonne cuillerée de ce jus (fait avec feuilles et racines à parts égales) permettait de redonner un coup de fouet aux organismes perturbés par une alimentation trop riche pendant l'hiver.

• *Buvez le jus de 1 citron additionné d'un peu d'eau chaude et de 1 cuillerée à café de miel améliore la digestion.*

• *Saupoudrez vos plats de gingembre ou de cannelle. La cannelle favorise la digestion et l'expulsion des gaz, et calme les spasmes de l'estomac et de l'intestin. Le gingembre facilite la digestion et calme les états nauséeux.*

• *Prenez 1 ou 2 comprimés de Charbon de Belloc® en cas de gaz.*

• *Versez sur 1 sucre 1 ou 2 gouttes d'alcool de menthe.*

• *Massez la voûte plantaire de votre pied droit.*

• *Grattez votre langue à l'aide d'une cuillère à café, de l'arrière vers l'avant.*

❀ L'indigestion

Appelée également crise de foie (à tort, puisque le foie n'est pas en cause), cette affection regroupe un ensemble de symptômes : nausées, vomissements, bouche pâteuse, fatigue, le tout doublé d'une sensation de pesanteur dans la région du foie.

Le plus souvent, il s'agit de migraine ou de problèmes intestinaux. Un régime allégé pendant quelques jours, accompagné d'un repos suffit pour que l'organisme perturbé redevienne stable.

Les « crises de foie » sont généralement bénignes, mais si elles se répètent, si elles deviennent invalidantes en raison de leur durée et de leur intensité, si elles s'accompagnent d'une forte fièvre, et surtout d'un peu de sang ou de petits grains noirs dans les vomissures, il convient de consulter.

Le plus souvent, une indigestion est provoquée par :
– un abus d'aliments trop gras ou trop épicés ;
– un abus d'alcool ;
– la prise de certains médicaments ;
– le stress.

SOULAGER LES ÉTATS NAUSÉEUX

ASTUCES

• Dès les premiers symptômes, allongez-vous puis respirez profondément.
• Buvez une infusion de menthe poivrée. Jetez 1 bonne pincée de feuilles séchées de menthe dans 1 tasse, puis versez de l'eau bouillante par-dessus et laissez infuser pendant 10 à 15 minutes.
• Buvez une infusion de camomille en sachet. La camomille favorisera les vomissements et permettra ainsi à votre corps de se purifier.
• Buvez tout au long de la journée une infusion au citron. Coupez en rondelles 1 citron non traité, préalablement lavé. Versez dessus 1 litre d'eau bouillante. Laissez infuser, puis ajoutez 1 cuillerée à soupe de miel.
• Buvez 2 à 4 tasses par jour d'infusion de gingembre.
Faites infuser 1 g de gingembre en poudre (ou environ 5 g de gingembre frais râpé) dans 25 cl d'eau durant 5 à 10 minutes. Additionnez d'un peu de jus de citron et sucrez avec du miel.

Les nausées de grossesse
Le gingembre soulage également les nausées de grossesse à condition de ne pas prendre plus de 2 g de gingembre séché ou de 10 g de gingembre frais par jour.

Les nausées postopératoires
Avec l'autorisation du chirurgien, prenez avant l'opération 1 g de ginseng séché.

Après avoir vomi, laissez votre estomac se stabiliser, et évitez de manger pendant au moins 2 heures. En revanche, boire est non seulement permis, mais conseillé, à condition d'avaler la boisson, ni trop chaude, ni trop froide, par petites gorgées. Un verre de Coca-Cola additionné de jus de citron (pas glacé) est idéal.

Si les nausées sont dues à une intoxication alimentaire ou à l'abus d'alcool, ne vous empêchez pas de vomir, l'organisme a absolument besoin de se débarrasser des aliments ou des boissons toxiques qui l'ont empoisonné.

Aidez les personnes âgées et les nourrissons malades en les faisant se pencher en avant quand ils vomissent. Ainsi, les vomissures ne risqueront pas de pénétrer dans leurs poumons et de provoquer un étouffement.

La gueule de bois

L'absorption de boissons alcoolisées plus ou moins importante – quelquefois deux verres suffisent – peut provoquer au réveil, le lendemain matin, et souvent jusqu'au soir d'affreux maux de tête, des nausées et une langue chargée.

Prenez le champagne plutôt en apéritif qu'en fin de repas.
Si vous comptez boire plusieurs types de vin, buvez d'abord le vin blanc, et le vin rouge ensuite.

ÉVITER LA GUEULE DE BOIS

• Prenez la précaution avant de commencer à boire, surtout si vous n'en avez pas l'habitude ou si vous ne tenez pas bien l'alcool, d'avaler 1 cuillerée à thé d'huile d'olive. L'huile retardera les effets de l'alcool et évitera sa diffusion brutale dans le sang.
• Avant de boire, avalez 1 ampoule d'extrait de radis noir (vendu dans les magasins de diététique).

L'intoxication alimentaire

Les intoxications alimentaires augmentent d'année en année et particulièrement quand il fait chaud, lors de buffets ou de pique-niques où des plats ont été installés longtemps à l'avance.

Il peut aussi y avoir un empoisonnement alimentaire par :
– des fruits et des légumes souillés par des produits chimiques ;
– des substances toxiques pour l'organisme, telles que certains champignons ou poissons contenant des toxines ;
– les œufs et les produits dérivés (un tiers des causes d'intoxications) ;
– les volailles, et tout particulièrement le poulet (le poulet est fréquemment porteur de bactéries, les salmonelles, dont il risque de contaminer d'autres aliments, même dans le réfrigérateur. Suffisamment cuit, le poulet ne constitue plus un risque) ;
– le poisson cru (mis à la mode par les Japonais, il est très en vogue depuis quelques années, mais cette consommation n'est pas sans danger, car les poissons – hareng, maquereau, thon, saumon... – peuvent être touchés par des parasites vivants. La prévention passe par une mesure simple : le poisson doit être congelé pendant quelques jours à – 20 °C avant sa consommation) ;
– les crustacés ;
– la viande crue. Elle non plus n'est pas recommandée. Seule la cuisson à cœur permet l'élimination des bactéries. La cuisson de la viande hachée surgelée doit être effectuée sans décongélation préalable.

La durée de la maladie, rarement plus de 2 jours, varie en fonction de l'espèce bactérienne incriminée, de la dose ingérée et de la vulnérabilité de la personne, mais en général l'intoxication par voie alimentaire se manifeste après une durée d'incubation courte de 2 à 4 heures (au minimum 30 minutes, au maximum 8 heures) et par l'apparition brutale de :
– crampes abdominales ;
– diarrhées aiguës ;
– vomissements ;
– douleurs au ventre ;
– céphalées.

Le nombre de bactéries dans un aliment double toutes les 15 minutes environ, dans des conditions de température et d'humidité proches de celles de l'air ambiant. Mangez donc vite les préparations qui ne sont pas destinées à la cuisson ou qui ne sont pas conservées au froid !

Les précautions à prendre pour éviter une intoxication alimentaire :
– se laver les mains avant de toucher une denrée alimentaire et, bien sûr, avant de passer à table ;
– boire de l'eau propre, filtrée ou minérale, et se méfier des glaçons ;
– ne jamais rompre la chaîne du froid et ne jamais recongeler un produit décongelé, ni consommer un aliment qui a été décongelé et recongelé ;
– laver les torchons de cuisine très fréquemment ;
– remplacer autant que possible les torchons par du papier absorbant ;
– utiliser le moins possible les planches à découper, saladiers et spatules en bois, propices à la prolifération des bactéries ;
– éloigner les animaux domestiques de la table de la cuisine ;
– ne pas utiliser les ustensiles de cuisine pour préparer différents aliments sans les laver entre-temps ;
– nettoyer la table et les plans de travail avec un produit détergent, les rincer puis les essuyer entre chaque type d'aliment cuisiné ;
– laver à l'eau propre avec soin les fruits et les légumes ;
– respecter la date de péremption (date limite de consommation) des aliments (la date limite de consommation pour les viandes hachées embal-

lées varie de 4 à 10 jours en fonction de la nature de l'emballage. Pour le lait pasteurisé frais, le délai est de 7 jours au maximum). Dans tous les cas, si l'emballage d'un produit est endommagé ou s'il est sorti de cet emballage, la date de péremption est considérablement raccourcie ;
– se méfier des boîtes de conserve bombées et des salaisons insuffisamment salées (lard, boudin, jambon cru) ;
– placer tous les aliments au réfrigérateur (crème, charcuterie...) ;
– éviter de consommer des champignons ou des poissons dont la provenance est douteuse.

Attention à bien cuire les aliments

Cuire un aliment est la meilleure façon de limiter les proliférations microbiennes.

La cuisson n'élimine pas tous les micro-organismes – la sécurité absolue est difficile à atteindre –, mais une augmentation du temps de cuisson et de la température permet de s'en approcher, sachant que :
– les salmonelles, principales causes d'intoxications alimentaires, sont détruites à une température de 65 °C, appliquée pendant 15 minutes, ou de 80 °C pendant 10 minutes ;
– les listeria, responsables de la listériose, prolifèrent à des températures comprises entre 3 et 8 °C et ne sont détruites qu'à 65 °C ou au-dessus.
Aussi, pour réduire les risques d'empoisonnement alimentaire, il est recommandé de garder les plats au chaud jusqu'au moment du service ou de les laisser au réfrigérateur jusqu'au dernier moment.

LA CUISSON AU MICRO-ONDES N'EST PAS SANS RISQUES !

En effet, elle ne permet pas toujours d'éliminer les micro-organismes. Les radiations électromagnétiques, qui réchauffent les molécules d'eau, laissent des zones plus froides que d'autres, et permettent ainsi aux micro-organismes de survivre.

Si, malgré toutes ces précautions, vous êtes victime d'une intoxication alimentaire :

– réhydratez-vous, en buvant 2 à 3 litres d'eau par toutes petites gorgées répétées au long de la journée ;

– supprimez le lait et les laitages ;
– ne vous nourrissez plus que de riz blanc, soupe de carottes (carottes cuites avec eau et sel, puis mixées), bananes, bouillon de légumes salé, eau de riz, Coca-Cola.
Et cela jusqu'à la disparition totale des symptômes.
Mais si l'intoxication devait durer plus de 2 jours, si les symptômes devenaient inquiétants, n'hésitez pas à consulter un médecin.

Plus de la moitié des Français se considèrent chez eux hors de tout danger. Ils ont tort.
La majorité des accidents concernant les enfants et les personnes âgées surviennent à la maison. Les principales causes des accidents domestiques sont les chutes, les brûlures et les intoxications.

Prévenir l'intoxication des enfants par médicaments, cosmétiques, produits de bricolage ou produits ménagers

Les intoxications par médicaments

Les tout-petits ne comprennent pas ce qu'est un médicament. Ne les laissez donc pas traîner dans la chambre, la cuisine, la salle de bains, fouiller vos poches ou un sac. Les produits les plus dangereux sont : les tranquillisants, les antidépresseurs, les sirops et les gélules contre la toux, les tonicardiaques… Ils peuvent être à l'origine de troubles respiratoires, neurologiques ou cardio-vasculaires particulièrement graves chez l'enfant. Les pommades, les lotions, les gouttes nasales ou auriculaires, ou encore l'aspirine et le paracétamol absorbés en trop grande quantité peuvent également empoisonner un enfant.

Les intoxications par cosmétiques

Les produits les plus dangereux sont : certains produits moussants comme le bain moussant, le savon, le shampoing (avalés en grande quantité, ils peuvent tuer par asphyxie), certaines eaux de toilette ou parfums (ils peuvent entraîner une intoxication alcoolique), les masques de beauté, les vernis à ongles et certains produits pour les cheveux composés d'éléments toxiques (qui peuvent empoisonner un enfant).

Les intoxications par produits de bricolage
Il s'agit d'accident rares mais toujours très graves.
Les produits les plus dangereux sont : le white-spirit, tous les flacons de produits d'entretien et de détachage, les désodorisants pour W-C, les produits antimites...

Les intoxications par produits ménagers
Le plus souvent, les enfants attrapent les produits, au moment de leur utilisation par les adultes, juste quand quelqu'un vient de verser le contenu du berlingot de Javel dans un récipient à usage alimentaire et qu'il le laisse à la portée de l'enfant.
Les produits les plus dangereux sont : les déboucheurs de canalisation, l'eau de Javel concentrée les sels pour lave-vaisselle. Une toute petite gorgée suffit à brûler profondément l'enfant et peut provoquer des dégâts irréversibles sur la muqueuse de l'œsophage.
Les nettoyants pour le four, qui contiennent de la soude caustique, sont encore plus dangereux. Ils peuvent lui brûler les yeux, la bouche ou l'intoxiquer gravement s'il les respire.
Aussi, tous les aérosols sont dangereux dans la main d'un enfant.

Expliquez aux enfants dès leur plus jeune âge le danger de jouer avec les médicaments, les produits d'entretien ou de bricolage et les produits pour les plantes.

Apprenez à connaître et à reconnaître les plantes toxiques de votre jardin ou des espaces verts qui vous entourent.

Lisez attentivement la notice d'utilisation des produits. En cas de doute, n'hésitez pas à demander conseil à titre préventif au Centre antipoison.

Les précautions à prendre :
– évitez de ranger ces produits sous l'évier, préférez les rangements en hauteur ;

– n'achetez que des produits d'entretien dont le bouchon soit « de sécurité », c'est-à-dire à l'épreuve des enfants ;

– prenez soin de refermer le bouchon des produits d'entretien dont vous venez de vous servir ;

– ne transvasez pas des produits d'entretien ou de bricolage dans un flacon alimentaire, même étiqueté ;

– ne laissez pas ouverte la porte du lave-vaisselle si le produit de lavage est déjà mis dans le réservoir ;

– rincez et débouchez les bouteilles de produits ménagers ou de bricolage avant de les jeter à la poubelle ;

– si votre enfant est d'un naturel aventureux, n'hésitez pas à vous équiper de bloque-portes pour les placards, de bloque-tiroirs aller-retour, de cadenas ou d'une barrière de porte à votre cuisine.

En cas d'accident

En cas d'accident impliquant un produit, appelez le Samu ou le Centre antipoison de votre région, ils sont accessibles 24 heures sur 24. N'hésitez pas à appeler si vous avez le moindre doute, il vaut mieux appeler pour éviter de risquer un accident grave. Un médecin toxicologue sera à votre écoute et vous expliquera les gestes à faire : premiers soins, surveillance de la victime, hospitalisation ou attente du Samu que celui-ci vous enverra si cela est nécessaire.

Au téléphone :

– répondez calmement à toutes les questions : âge, poids de la victime, nom ou description du produit en cause, quantité absorbée, symptômes… ;

– faites exactement ce que l'on vous dit de faire et uniquement cela. Si vous ne comprenez pas, demandez des explications complémentaires ;

– ne raccrochez que lorsque le médecin du Centre antipoison vous le demandera.

EN CAS D'INTOXICATION

PAS DE LAIT : le lait n'est pas un antipoison.

PAS D'EAU : en diluant le produit, l'eau aggrave l'accident. Si le produit est caustique, l'eau aggrave les brûlures. Si le produit est moussant, elle peut générer une asphyxie par envahissement de la gorge et des voies respiratoires.

PAS DE VOMISSEMENT : sauf si le médecin du Centre antipoison vous le demande.
Si la victime est inconsciente : placez-la sur le côté (en position latérale de sécurité) AVANT d'appeler le Centre antipoison.
En cas de projection d'un produit dangereux dans les yeux ou sur la peau : rincez immédiatement, abondamment et longuement, pendant plusieurs minutes, à l'eau claire.
En cas d'émanation de gaz irritant ou toxique dans un espace fermé : aérez bien les locaux.

Les hémorroïdes

Avoir des hémorroïdes est une affection bénigne, très répandue. Tout comme les varices sur les jambes, les veines de la zone anale se dilatent. Les hémorroïdes peuvent être internes ou externes et d'une grosseur variable selon les individus.

Parfois, il s'agit seulement d'une tuméfaction au niveau de l'anus sans aucun autre symptôme excepté une simple gêne, mais le plus souvent les crises sont extrêmement douloureuses et handicapantes lors de la position assise ou de la marche, provoquant des démangeaisons et des saignements après avoir été à la selle. Même si cette affection est gênante, il faut en parler à son médecin, car d'une part elle peut se compliquer, et d'autre part il est possible de la soulager avec des traitements médicaux efficaces.

En complément d'un traitement par voies orale et locale, un régime sans épices et sans alcool sera conseillé. Il faudra également éviter toute constipation, la station debout prolongée, la marche, et muscler son ventre. Veillez à ce que la région anale soit toujours propre et sèche. L'utilisation d'un savon n'est pas recommandée, préférez un pain dermatologique.

Seulement en cas d'échec à tous ces traitements, une intervention chirurgicale est proposée.

APAISER LES HÉMORROÏDES

• Matin et soir, et après chaque selle, pratiquez un bain de siège froid de décoction d'écorce de chêne séchée. Faites bouillir 100 g d'écorce de chêne séchée dans 1 litre d'eau pendant 15 minutes, puis laissez refroidir et filtrez avant utilisation.
Réservez cette décoction pour la toilette.

• Pratiquez un bain de siège à la citronnelle pendant 20 minutes. Portez à ébullition 5 litres d'eau avec une poignée de feuilles sèches ou fraîches de citronnelle , puis filtrez et laissez refroidir.

• Après le bain de siège, séchez doucement avec une compresse et passez doucement plusieurs fois par jour avec du miel de romarin ou de châtaignier.

• Vous pouvez aussi appliquer localement de l'argile, y compris à l'intérieur de l'anus. Il en existe en tube prête à l'emploi.

• Si possible, gardez toute la nuit un cataplasme d'argile. Versez de l'argile bien sèche, en poudre ou en fragments, dans un saladier, et recouvrez-la d'eau. Remuez à peine car l'argile se dilue toute seule. Couvrez d'un linge propre puis laissez reposer pendant plusieurs heures, le matin pour le soir, par exemple. À l'aide d'une spatule en bois, mettez l'argile dans un linge en coton ou, mieux, une large feuille de chou (si la pâte est trop solide, ajoutez un peu d'eau, si elle est trop liquide, un peu d'argile), et fermez soigneusement ce paquet, qui aura une épaisseur de 1 à 2 cm. Lavez-vous le matin, avec la décoction d'écorce de chêne que vous avez en réserve.

• Buvez des tisanes de marron d'Inde. Faites bouillir pendant 10 minutes 1 litre d'eau additionnée de 50 g d'écorce séchée et écrasée, et laisser infuser pendant 5 minutes avant de filtrer.

Les trucs de grand-mère
• Prenez une petite pomme de terre, essuyez-la bien et gardez-la toujours avec vous dans votre poche jusqu'à ce qu'elle devienne dure comme un caillou et qu'elle ait rétréci de moitié.

• Appliquez localement chaque soir au coucher un gros oignon épluché, cuit au four pendant 15 minutes et réduit en purée.
• Pelez une grosse pomme de terre bien fraîche. Taillez dans son centre un bâton long et rond et introduisez-le dans l'anus au début de la crise.

Les douleurs aux coudes, mains et doigts

Les coudes

Il s'agit le plus souvent d'une tendinite (inflammation des tendons) due, comme toutes les tendinites, à un mouvement répétitif, à une mauvaise position ou à un effort trop soutenu. Cette douleur se manifeste lors du mouvement. Il est conseillé de poser un sac de glaçons sur l'articulation et de mettre le bras au repos.

Si la tendinite provoque de vives douleurs, si aucune amélioration n'intervient au bout de quelques jours de repos, consultez un médecin.

ASTUCES

ATTÉNUER LES DOULEURS AUX COUDES

Ce truc, un peu violent, était pratiqué dans les campagnes. Il était conseillé d'aller là où les orties poussaient et d'y agiter son coude. Après la formation de cloques et de brûlures, il paraît que la douleur disparaissait. Êtes-vous tenté par l'expérience ?

Les coudes fripés et durcis

Frottez-les avec la moitié d'un citron ou trempez vos coudes dans un bol dans lequel vous aurez pressé un citron. Ensuite, séchez-les et appliquez une crème. Vous pouvez aussi plonger vos coudes dans un bol d'huile d'amande douce pendant 10 minutes environ.

Les mains

Seulement 10 % des Français se lavent les mains avant les repas et seuls 3 % le font comme il convient de le faire.

Bien se laver les mains

La première chose à faire pour se laver les mains est de retirer ses bijoux (ils sont certainement contaminés et risquent d'être une gêne pour un lavage efficace).

La seconde chose est de choisir un bon savon. Un savon liquide qui reste pur, sans contact avec l'environnement, est recommandé. Faites mousser durant 1 minute (un savonnage de 10 secondes n'élimine pas toutes les bactéries), insistez bien puis rincez pendant au moins 30 secondes.

Dans les endroits publics, essuyez-vous les mains de préférence à l'aide de papier jetable.

Éliminer les taches sur les mains et les doigts

La nicotine

Passez sur vos mains un linge doux imbibé de jus de citron mélangé à de l'eau oxygénée. Vous pouvez aussi les frotter avec l'intérieur d'une peau de banane. C'est aussi efficace pour les taches d'encre.

La peinture

Si la peinture est fraîche, il suffit d'enduire ses mains d'huile de table végétale (olive ou tournesol). Si la peinture est sèche, utilisez du white-spirit ou du dissolvant à ongles.

Le cambouis

Humectez vos mains avec de l'huile et frottez. Essuyez vos mains, puis lavez-les avec du savon.

La colle

Frottez vos mains avec un tampon abrasif ou de la toile émeri. Si des résidus s'accrochent encore sur la peau, passez dessus un coton imbibé de dissolvant. Lavez au savon, puis appliquez une crème.

LES DOIGTS COLLÉS ENTRE EUX PAR DE LA COLLE FORTE

Surtout, n'utilisez jamais d'objet tranchant pour séparer les doigts. Vous risqueriez de vous blesser.

Trempez la main dans une bassine remplie d'eau tiède, additionnée de produit pour laver la vaisselle. Ne soyez pas économe ! N'hésitez pas à verser le contenu de la bouteille ! Attendez au moins 1 heure.

Si vous n'arrivez toujours pas à décoller vos doigts, n'attendez plus. Allez à l'hôpital ! Votre problème relève du domaine médical.

Éliminer les mauvaises odeurs sur les mains

L'eau de Javel

Trempez vos mains dans du vinaigre pur.

L'oignon

Frottez vos mains avec du gros sel ou passez vos doigts sur la lame d'un couteau préalablement rincée sous l'eau chaude du robinet.

L'ail

Frottez vos mains contre tout objet métallique.

Le poisson

Passez sur vos mains la moitié d'un citron.

AVOIR DE BELLES MAINS DOUCES

• Préparez une infusion de souci, en jetant une bonne pincée de feuilles séchées de menthe pour une tasse d'eau bouillante, infusez un petit 1/4 d'heure. Filtrez, laissez refroidir, puis ajoutez petit à petit cette infusion à une crème pour les mains de bonne qualité et non parfumée.
• Versez un peu de sucre dans 1 petit bol, ajoutez quelques gouttes de citron. Mélangez bien puis appliquez sur les mains. Laissez le mélange agir pendant 5 à 10 minutes, puis rincez.
• Massez vos mains avec un mélange composé de 1 cuillerée à thé de sucre en poudre et de 1 cuillerée à soupe d'huile d'olive. Insistez bien sur les parties rugueuses. Rincez et lavez soigneusement.

AVOIR DE BELLES MAINS BLANCHES

• Frottez vos mains avec le jus de 1 citron ou du marc de café.
• Trempez vos mains dans un bain d'eau chaude salée, puis frictionnez-les avec de l'huile d'olive. Rincez vos mains et séchez-les.
• Frottez vos mains avec l'intérieur d'une peau de melon ou de la purée de pommes de terre.

SOIGNER DES MAINS TRÈS ABÎMÉES

• Appliquez sur vos mains une bonne épaisseur de crème, massez-les, puis enfilez une paire de gants en coton et par-dessus une paire de gants en plastique. Gardez les mains enfermées ainsi dans les deux paires de gants pendant au moins 1 heure ou toute une nuit.
• Appliquez au moins six fois par jour une pâte composée de 2 cuillerées à café de miel, 2 cuillerées à café de glycérine additionnée du jus de 1 citron.
• Passez sur vos mains une pommade à base de fleurs de sureau. Faites fondre pendant 30 minutes au bain-marie 500 g de saindoux, ou de vaseline, additionné d'une bonne pincée de fleurs de sureau. Filtrez, puis versez dans des petits pots.

La transpiration des mains

Frottez les paumes de vos mains avec un mélange d'eau de Cologne et de teinture de belladone, ou frictionnez-les deux fois par jour avec du jus de citron.

 ## Les taches de vieillesse sur les mains

La seule façon d'éviter les taches de vieillesse est d'hydrater ses mains avec une crème spéciale et de les protéger du soleil avec une protection solaire. Si le mal est fait, utilisez une crème dépigmentante. Toutefois, ne vous faites pas trop d'illusions... Sachez-le, peu ont de bons résultats.
Il est donc préférable de prendre rendez-vous avec un dermatologue. Lui seul pourra procéder à un peeling ou à une dépigmentation au laser.

ATTÉNUER LES TACHES DE VIEILLESSE SUR LES MAINS

- *Appliquez dessus régulièrement du jus de citron, puis hydratez avec une bonne crème.*
- *N'exposez plus vos mains au soleil.*
- *Frottez quotidiennement vos mains pendant quelques secondes avec une pelure de pomme de terre, du citron ou de l'huile de ricin.*

 ## Le panaris

Toute infection aux doigts, tout abcès, aigu et rapide, quelles qu'en soient l'étendue ou la profondeur, peut être appelé panaris. On surnomme le panaris « mal blanc ».
Provoqué par une bactérie de type staphylocoque ou streptocoque, le plus fréquemment, il se localise autour de l'ongle. Il survient le plus souvent en période de fatigue, où les moyens de défense de l'organisme sont diminués, et après une blessure – piqûre, écrasement, coupure, plaie, écharde

– qui n'a pas été bien soignée. Apparaît alors dans le doigt une formation de pus, accompagnée d'une douleur lancinante, d'une enflure et d'une rougeur.

Prise au début de l'infection, l'inflammation se résorbera facilement. Le pharmacien prescrira des bains de doigt plusieurs fois par jour, dans une solution désinfectante, et une application d'une pommade antibiotique.

Mais si des ganglions et de la fièvre surviennent, ce traitement ne suffira plus, le médecin ou, mieux, les urgences de l'hôpital devront absolument intervenir.

Ne faites pas la cuisine avec un panaris non protégé par un pansement !
Vous risqueriez de contaminer vos amis ou votre famille.

SOULAGER UN PANARIS À SON TOUT DÉBUT

• *Désinfectez le doigt touché avec de l'alcool iodé, puis appliquez dessus un cataplasme d'argile froide, d'une épaisseur d'au moins 2 cm, et recouvrez d'une compresse maintenue par un pansement. Laissez agir pendant 1 à 2 heures. Renouvelez le cataplasme le plus souvent possible (au moins six fois en 24 heures), jusqu'à la guérison complète.*

• *Appliquez sur le panaris une compresse à l'ail. Faites chauffer à feu doux, dans une casserole, un fond de lait additionné de 2 gousses d'ail hachées et de mie de pain. Quand la mie aura absorbé le liquide, laissez tiédir, puis étalez la pâte obtenue directement sur la zone touchée, préalablement désinfectée. Laissez agir pendant 20 minutes environ . Renouvelez la compresse trois fois par jour.*

Le pincement de doigt

C'est un accident bénin qui se traduit le plus souvent par une simple douleur passagère, mais qui peut aussi entraîner la perte d'un ongle ou une fracture. Faites couler de l'eau froide sur le doigt.

Si, quelques heures plus tard, l'ongle du doigt vire au noir et la douleur persiste, consultez un médecin.

ÉVACUER L'HÉMATOME APRÈS UN PINCEMENT DE DOIGT

Percez l'ongle le plus lentement et le plus doucement possible à l'aide d'un trombone chauffé au rouge. Posez ensuite un simple pansement de protection. L'ongle tombera et un nouvel ongle repoussera en quelques semaines.

Atténuer la douleur d'un doigt pincé
Retirez un petit bout de la coquille d'un œuf, et plongez le doigt dans l'œuf jusqu'au bout de façon à crever le jaune. La douleur devrait cesser presque immédiatement.

Les ongles

Bien soigner ses ongles

• Brossez-vous les ongles au moins deux fois par semaine pour éliminer la poussière et les microbes.

Les pires ennemis des ongles sont les produits ménagers. Quand vous faites le ménage, vous devez absolument porter des gants de caoutchouc.

• Limez vos ongles avec une lime en carton, et toujours de l'extérieur vers l'intérieur.
• Trempez le bout de vos doigts dans un bol d'eau tiède savonneuse, rincez-les, puis essuyez-les en repoussant délicatement les cuticules à l'aide de la serviette.
• Appliquez sur les cuticules une goutte de produit anticuticule.
• Dégagez doucement la lunule avec un bâtonnet préalablement enrobé de coton hydrophile humide.
• Polissez vos ongles. Le polissoir les fait non seulement briller mais les renforce. Il est utile aussi pour blanchir les ongles jaunis.

Protégez vos ongles avant d'entreprendre des travaux de peinture, de jardinage... en griffant un morceau de savon sec. Les travaux finis, brossez-les, ainsi ils retrouveront leur propreté.

Les ongles jaunis des fumeurs

Passez dessus un coton imbibé d'eau oxygénée à 20 ou 30 volumes.

Ne limez jamais des ongles humides sous peine de favoriser leur dédoublement. Limez-les avant de les tremper dans un bain émollient.

Les ongles mous et cassants

Renforcez-les en les massant avec un demi-citron imbibé d'huile d'olive. Si vos ongles sont cassants, vous devez certainement souffrir d'une carence en fer, abuser du dissolvant ou encore de bains trop chauds. Vous pouvez aussi les frotter, matin et soir, avec une rondelle de citron.

La levure de bière, qui est utilisée pour faire lever la pâte à pain et préparer des boissons alcoolisées, est un aliment riche en protéines et en vitamines du groupe B. Non seulement elle aide à reconstituer la flore intestinale, mais elle a une action bénéfique sur la peau et les ongles.

Les ongles qui se dédoublent

Ces ongles souffrent du même problème que les ongles cassants. Plongez-les pendant une dizaine de minutes dans un bain revitalisant ou dans un bain d'huile d'olive additionnée de 5 gouttes d'huile essentielle de lavande, puis frictionnez-les à l'alcool iodé.

La recette d'un bain revitalisant pour ongles malades

Faites chauffer doucement au bain-marie 10 cl d'huile d'olive. Versez-la dans un bol, puis ajoutez 20 gouttes d'huile essentielle d'ylang-ylang.

Les ongles striés

Les stries blanches sont le plus souvent des petits traumatismes bénins.

Les ongles ondulés

Ces ongles ont souffert soit d'un choc, soit d'un contact prolongé avec des produits caustiques.

Un ongle a besoin de respirer. Il faut donc faire attention à ne jamais appliquer du vernis trop près des cuticules.

Afin d'éviter une infection, il ne faut pas couper les cuticules. Il vaut mieux les assouplir avec un soin émollient.

Bien appliquer un vernis à ongles

Appliquez sur les ongles une base protectrice. Grâce à cette base, le vernis tiendra mieux et les ongles ne jauniront pas. Ensuite, en appuyant la brosse du vernis à l'intérieur du flacon contre sa paroi afin de lui donner la forme d'un éventail, déposez le vernis à la base de l'ongle et sur toute sa longueur.

Si le vernis n'a pas été bien mis, passez sur l'ongle un Coton-Tige imbibé de dissolvant, puis revernissez. Vous pouvez aussi poser sur le bout de votre index une goutte de dissolvant et en masser délicatement le vernis sur l'ongle.

Faites sécher en passant vite l'ongle sous l'eau froide, puis revernissez-le. Pour que votre vernis sèche plus vite, trempez vos doigts dans un petit bol d'eau fraîche ou faites couler un peu d'eau froide sur vos ongles.

Diluer le vernis

Si votre vernis ne vous semble pas assez fluide, n'ajoutez ni dissolvant ni eau, mais agitez-le énergiquement tête en bas et versez dans le flacon quelques gouttes d'alcool à 90°.

CONSERVER LONGTEMPS SON VERNIS

Placez toujours la bouteille à l'envers, après avoir bien vissé le bouchon.

LE FLACON DE VERNIS RÉCALCITRANT

Vous avez du mal à ouvrir votre flacon de vernis ? Ne le faites pas chauffer ! Enroulez un élastique autour du bouchon pour avoir plus de prise ou plongez le flacon quelques instants sous l'eau chaude du robinet.

La bouteille de vernis s'ouvrira et se fermera sans difficulté si vous pensez à nettoyer son bord avec un Coton-Tige imbibé de dissolvant, après chaque utilisation.

L'habitude de se ronger les ongles (l'onychophagie)

Cette activité compulsive est très fréquente, aussi bien chez les filles que chez les garçons, à tous les âges, et plus particulièrement chez les enfants scolarisés entre 11 et 13 ans.

Dans les cas bénins, les rongeurs grignotent l'extrémité de leurs ongles pour les régulariser.

Dans les cas les plus sévères, ce tic nerveux, non maîtrisable, s'étend aux ongles des orteils, et, plus ennuyeux, à la peau qui avoisine l'ongle, parfois même en dessous des phalanges, ce qui peut causer des saignements, des blessures, une douleur invalidante et une infection.

À ce stade, on peut parler d'un trouble du comportement et d'automutilation. Là, une consultation chez un psychothérapeute s'impose.

Pourquoi se ronge-t-on les ongles ?

Chaque cas est unique. Chaque personne réagit différemment. Il est cependant possible d'affirmer que tous les tics que l'on s'inflige, que ce soit mordre l'intérieur de ses joues, arracher ses cheveux, ses cils ou ses sourcils, se gratter la peau, mordiller ses lèvres, apparaissent pour apaiser un état anxieux, la tristesse, l'ennui, la solitude ou pour lutter contre le stress.

L'acupuncture, la relaxation et la sophrologie peuvent apporter un soulagement en apprenant au rongeur à se détendre et à mieux gérer ses émotions.

Arrêter de se ronger les ongles

La décision d'arrêter est-elle vraiment bien prise ? C'est tout le problème...

Quand quelqu'un répugne à montrer ses mains, quand ses doigts le font souffrir, quand il se dit que ça suffit, que c'est fini, que plus jamais il ne recommencera, mais que, quelques heures plus tard, sans y penser, machinalement, une fois de plus il s'attaque à ses doigts... Ce n'est pas aisé de renoncer à une habitude ! Se ronger les ongles est un réflexe difficile à quitter, et l'on se réconforte comme on peut...

POUR NE PLUS SE RONGER LES ONGLES

• Les pharmaciens vendent une préparation à base de teinture d'iode décolorée et des vernis amers spéciaux à base de quinine. Les doigts ainsi badigeonnés laissent dans la bouche un goût répulsif.

• Appliquez sur les ongles un vernis rouge couvrant. Cela a un effet dissuasif qu'on explique mal, mais qui est très efficace.

• Recouvrez vos ongles de sparadrap ou de faux ongles en résine.

• Portez des gants : il y a peu de skieurs onychophages !

• Pratiquez une manucure méticuleuse au moins deux fois par semaine, et tous les jours s'il le faut, en limant les ongles (quelle que soit leur longueur), en repoussant les petites peaux, en appliquant du dissolvant, puis une base, et enfin un vernis.

• Massez plusieurs fois par jour le bout de vos doigts avec une crème nourrissante apaisante. Ainsi, les ongles et la peau qui les entoure, bien cicatrisés, bien hydratés, ne se rappelleront plus à vous.

Les douleurs et les traumatismes musculaires

Les crampes

Ce sont des contractions involontaires, violentes et douloureuses, mais passagères d'un muscle, en particulier du mollet, du pied ou de la cuisse. La crampe disparaît le plus souvent dès que le muscle contracté est étiré en douceur.

Les crampes nocturnes

Elles surgissent en général au milieu de la nuit et touchent surtout les pieds et les mollets. Des crampes nocturnes se produisent assez souvent chez la femme enceinte au cours du deuxième trimestre de la grossesse. En principe, il suffit de se lever et de marcher sur la pointe des pieds, à même un sol froid, pour remédier rapidement à ce problème... et bien sûr de boire au moins 1,5 l d'eau chaque jour. Quelquefois, les crampes peuvent être liées à l'abus d'alcool, de médicaments, à un mauvais fonctionnement de la thyroïde et même à des problèmes cardio-vasculaires ou neurologiques.

Si vous souffrez de crampes inhabituelles, intenses et à répétition, consultez votre médecin.

ASTUCES

ATTÉNUER LA DOULEUR DES CRAMPES

- Appliquez sur la zone touchée une compresse imbibée de vinaigre.
- Massez le muscle contracté avec un peu d'huile d'olive dans laquelle auront macéré des fleurs de camomille et que vous aurez fait chauffer au bain-marie.

ATTÉNUER LES CRAMPES NOCTURNES

- Avant le coucher, buvez 1 tasse d'eau chaude additionnée de 1 cuillerée à soupe de miel et de 1 cuillerée à thé de vinaigre de cidre.

- *Placez du savon de Marseille (dans une chaussette) au fond du lit.*
- *Placez un aimant de dimension moyenne à l'extrémité du lit.*

Les courbatures

Les courbatures surviennent quand, lors d'un effort, un muscle qui n'a pas l'habitude de travailler est sollicité. Le muscle devient dur et douloureux. Les courbatures n'apparaissent pas sur le moment, mais dans les 24 heures qui suivent l'effort, pour disparaître quelques jours plus tard. Un bon bain chaud ou un massage peuvent atténuer ces douleurs.

La prise d'aspirine entraîne une rapide diminution des douleurs, surtout dans le cas des courbatures fébriles, qui annoncent souvent le début de maladies infectieuses comme la grippe.

ATTÉNUER LES COURBATURES

Les massages

- *Massez la zone douloureuse avec un mélange composé de 2 gouttes d'huile essentielle de romarin, 2 gouttes d'huile essentielle de marjolaine et 2 gouttes d'huile essentielle de poivre noir avec une cuillère à thé d'huile d'amande douce.*
- *Frictionnez la région sensible avec de l'huile essentielle de géranium ou de menthe.*

Les bains

- *Diluez dans 1 bol d'eau tiède 2 à 3 cuillerées à soupe de lait entier en poudre, ajoutez 3 à 10 gouttes d'huile essentielle de marjolaine ou de camomille. Versez le contenu de ce bol dans la baignoire pleine d'eau à 37 °C. Barbotez dans le bain durant une dizaine de minutes, respirant à fond les effluves, puis prenez une douche tiède.*
- *Jetez 1 grosse poignée de feuilles de tilleul dans de l'eau bouillante, laissez infuser pendant un quart d'heure, filtrez puis versez l'infusion dans l'eau de la baignoire.*
- *Jetez 50 g de camomille romaine dans 1 litre d'eau froide. Portez à ébullition pendant un quart d'heure, puis filtrez. Versez dans l'eau chaude du bain.*

Les contractures

Le muscle traumatisé, le plus souvent dans les cuisses, les mollets, les fesses et le dos, en tension, gonfle, se raccourcit mais est peu douloureux. La douleur se réveille quand il se contracte et à la palpation, où il paraît crispé sous la peau.

Les contractures surviennent à la suite d'un effort intensif ou après des courbatures. Si l'effort se prolonge, il peut y avoir risque d'élongation ou de claquage. Le repos est donc conseillé. Appliquez sur la zone douloureuse une poche de glace ou un sac de petits pois surgelés. Toutefois le massage, deux ou trois fois par jour, avec un gel à visée antalgique est sans doute le meilleur traitement.

ASTUCES

ATTÉNUER LES CONTRACTURES

Massez-vous avec un mélange de 6 gouttes d'huile essentielle de menthe poivrée et de 3 cl d'huile de massage. La menthe poivrée est un puissant anti-inflammatoire et un excellent relaxant musculaire.

Les rhumatismes

De nombreuses maladies rhumatismales existent. Les plus courantes sont les rhumatismes inflammatoires aigus de l'articulation (polyarthrite rhumatoïde) et les rhumatismes d'usure (arthrose, nommée aussi ostéoarthrite).Toutes ces maladies affectent les articulations.
La plupart, caractérisées par des périodes de crise et de rémission, sont chroniques et à la longue les os risquent de se détériorer et les cartilages de s'effriter de façon définitive.

Lors des poussées, souvent intenses, se manifestent une raideur qui gêne le mouvement, une rougeur, un gonflement douloureux et parfois une sensation de brûlure à l'articulation concernée. On attribue à tort cette affection au vieillissement, pourtant elle peut se manifester dès le jeune âge. **Seul le médecin peut faire un diagnostic précis et prescrire un traitement qui aidera non pas à guérir (on ne guérit pas de rhumatismes), mais à diminuer les effets de la maladie et à la freiner.**

Quelques conseils pour soulager la douleur

• Si l'articulation est enflée et sensible (mais pas engourdie), appliquez dessus un sac en plastique rempli de glaçons.
Le froid ralentira l'évolution de l'inflammation et réduira l'enflure.

• Si l'articulation est engourdie et les muscles sont endoloris et tendus, appliquez dessus un cataplasme chaud ou prenez une douche chaude.
La chaleur soulagera la douleur.

• Reposez-vous. Un bon sommeil réparateur d'une nuit complète d'au moins 8 heures peut aider à atténuer les douleurs.

• Marchez et pratiquez sans excès (mais pas dans les périodes de crises intenses) des mouvements de gymnastique, qui aideront à diminuer les raideurs et amplifieront la flexibilité des articulations.
Vous pouvez aussi faire n'importe quel sport. La natation dans l'eau chaude d'une piscine est particulièrement indiquée.

• Si vous êtes en surpoids, mettez-vous au régime. L'excès de poids pèse sur les articulations et les rend plus douloureuses.

• Ne restez jamais trop longtemps dans la même position.

• Faites attention à la façon dont vous vous tenez. Redressez-vous.

• Couvrez-vous suffisamment l'hiver ou les jours de pluie.

• Ne portez pas de talons trop hauts ni de chaussures qui vous serrent les pieds, mais des chaussures confortables aux semelles épaisses qui amortissent les chocs, surtout si vous souffrez d'arthrose au genou ou à la hanche.

Les massages, la mésothérapie, l'acupuncture peuvent être efficaces pour traiter les douleurs rhumatismales.

ATTÉNUER LES DOULEURS RHUMATISMALES

• Appliquez sur les parties atteintes, jusqu'à quatre fois par jour, des crèmes, lotions ou onguents contenant de la capsicine, le composé actif du piment de Cayenne.

• Massez les parties atteintes avec un gel à base de racines de griffes du diable ou harpagophytum.
Anti-inflammatoire, décontracturante et antalgique, cette plante peut se prendre sous forme de gélules par voie orale.

• L'extrait de boswellia et l'extrait de gingembre en capsules sont efficaces dans le traitement des rhumatismes.
La posologie est à voir avec votre médecin ou votre pharmacien.

• Mangez du maquereau, du thon, du hareng, des sardines ou du saumon. Ces poissons apportent des oméga 3, ce qui est idéal pour le traitement des inflammations et des rhumatismes.

Les tisanes
• Buvez 1 tasse trois fois par jour d'une infusion de griffes du diable. Jetez dans 1 tasse 1 cuillerée à thé de racines séchées de griffes du diable, versez de l'eau bouillante par-dessus et laissez infuser pendant 10 à 15 minutes.

• Buvez 2 tasses par jour d'une infusion de cassis (Ribes nigrum). Versez 5 à 12 g de feuilles séchées de cassis dans 25 cl d'eau bouillante et laissez infuser durant 15 minutes.

Un petit truc traditionnellement utilisé à la campagne pour atténuer les douleurs des « jointures »
Mettez dans votre poche 1 ou 2 marrons d'Inde et gardez-les en permanence. Changez-en dès qu'ils sont devenus durs comme de la pierre.

Les entorses et les foulures

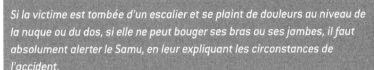

Les entorses

Les entorses arrivent le plus fréquemment à la cheville ou au genou, et sont la conséquence d'une chute, d'un mouvement soudain qui force l'amplitude normale de l'articulation en exerçant une flexion, une extension ou une torsion. L'os résiste : il ne se produit donc pas de fracture, mais une élongation ou une déchirure d'un ou de plusieurs ligaments de l'articulation. Les ligaments sont des bandes de tissus fibreux, élastiques, qui attachent les os les uns aux autres et aident les articulations à rester en place.

On parle d'une entorse légère quand il s'agit seulement d'une élongation. Les mouvements sont douloureux mais possibles. Il n'y a pas d'ecchymose, mais quelques heures plus tard apparaît un gonflement.

Lors d'une entorse moyenne, il y a un étirement des ligaments accompagné d'un début de déchirement. Le mouvement est encore possible. Un gonflement survient à l'articulation en quelques heures, suivi d'une ecchymose 24 heures plus tard après le traumatisme.

Lors d'une entorse sévère, les ligaments sont déchirés. Parfois, un bruit sec ou un déchirement se fait entendre. La douleur est si intense que la personne perd la mobilité et la fonction de l'articulation. Elle ne peut

pas prendre appui sur le membre blessé. La zone touchée gonfle aussitôt. Une ecchymose apparaît un peu plus tard.

Si vous souffrez, si vous ne pouvez tenir debout ou marcher, si vous craignez une fracture, consultez rapidement.

*Les entorses à répétition peuvent être à l'origine de l'arthrose, maladie
caractérisée par la dégradation du cartilage articulaire.*

APAISER LA DOULEUR D'UNE ENTORSE

Le cataplasme de pomme de terre
*Appliquez sur le membre douloureux un cataplasme de pelures de pomme
de terre maintenu le plus serré possible par une bande Velpeau. Dormez
toute la nuit avec le bandage.*

L'arnica
*• Appliquez sur l'articulation douloureuse une compresse imbibée de
teinture-mère d'arnica. Versez dans un bocal 50 cl d'alcool à 60° et 100 g
de fleurs d'arnica séchées. Laissez macérer pendant 10 jours, en remuant
chaque jour. Le onzième jour, filtrez. Conservez dans une bouteille en verre
teinté.*
*• Vous pouvez aussi appliquer, plusieurs fois par jour, une compresse
imbibée d'infusion d'arnica. Versez 10 cl d'eau bouillante sur 2 g de fleurs
séchées, faites infuser pendant 5 à 10 minutes. Laissez refroidir et filtrez.*

Les massages
*• Massez doucement la zone touchée avec du gel ou de la pommade à base
d'arnica.*
*• Massez doucement l'endroit douloureux avec une pommade à la sauge.
Faites fondre à feu doux 250 g de saindoux et 50 g de cire blanche. Ajoutez
30 g de feuilles de sauge et de tanaisie, et faites cuire pendant 15 à
20 minutes. Filtrez et mettez en pots. Gardez à l'abri de la chaleur et de
la lumière. Cette pommade atténue les douleurs des foulures, des
entorses et des blessures légères.*

Les entorses et les foulures peuvent se traiter de la même façon, en :

– prenant un peu de repos (il peut falloir jusqu'à 48 heures avant qu'une cheville ou un genou endolori ne guérisse) ;

– entourant le membre blessé d'un bandage élastique résistant (serrer peut contribuer à réduire l'enflure, mais il faut prendre garde à ne pas couper la circulation) ;

– maintenant le membre blessé sur un oreiller ou une couverture roulée, en élévation, et si possible au-dessus du niveau du cœur, ce qui l'aidera à dégonfler et empêchera les élancements et les battements de sang ;

– posant sur la zone enflée un sac en plastique rempli de glaçons ou un sac de petits pois surgelés, enveloppé dans une serviette, pendant les premières 24 à 48 heures (le froid aidera à réduire le gonflement et la douleur à condition de l'appliquer six à huit fois par jour, pendant 20 minutes au maximum à chaque fois) ;

– trempant le membre malade dans de l'eau tiède ou en appliquant dessus une bouillotte chaude (pas brûlante) ou des cataplasmes chauds pendant un quart d'heure, plusieurs fois par jour, car la chaleur aide à relâcher les muscles. Ce dernier conseil est à suivre uniquement quand la zone touchée est complètement désenflée, pas avant.

COMMENT ÉVITER LES CHUTES

• Ne laissez jamais un sol mouillé.

• Dégagez les zones de circulation.

• Fixez les tapis sur le sol avec des bandes adhésives pour éviter qu'ils ne glissent.

• Rassemblez et rangez les fils électriques afin que personne ne se prenne les pieds dedans.

• Mettez un sol antidérapant dans la salle de bains et la cuisine, ou utilisez un produit spécial sur les sols glissants.

• Placez au fond de la baignoire ou du bac à douche un tapis de bain antidérapant.

• Éclairez suffisamment les pièces et surtout les escaliers.

• Placez des protections aux escaliers et aux fenêtres afin que les enfants ne tombent pas.

• Ne laissez jamais un enfant seul sur une table à langer.

• *Ne laissez jamais un enfant seul sur sa chaise haute.*
• *N'utilisez que des chaises hautes dont la sécurité a été garantie par le label NF.*
• *Vérifiez que la chaise est bien stable et que l'enfant ne puisse pas glisser, et par sécurité mettez un tapis dessous pour amortir une éventuelle chute.*
• *N'achetez pour les enfants que des lits superposés ayant la norme NF, stables et munis de barrière de sécurité.*
• *Ne couchez pas un enfant de moins de 6 ans dans le lit supérieur d'un lit superposé et disposez un tapis épais à côté pour atténuer une éventuelle chute.*
• *Vérifiez que l'écartement des barreaux du lit, si vous avez un petit enfant, est conforme aux normes de sécurité.*
• *Ne laissez jamais un enfant seul dans une pièce où la fenêtre est ouverte.*
• *Munissez vos fenêtres d'une protection solidement fixée.*
• *Fixez solidement une barrière en haut de votre escalier afin que votre enfant, surtout s'il est en trotteur, ne tombe.*
• *Ne cirez pas trop les marches, et recouvrez-les d'un tapis.*

En savoir plus sur les foulures

Les foulures sont des lésions causées par un étirement ou un déchirement de certains muscles. Elles surviennent quand les muscles se contractent trop brutalement.

Il peut y avoir une foulure si vous soulevez des objets lourds, si vous utilisez excessivement vos muscles ou si vous vous tordez un pied sur une surface accidentée.

On parle aussi d'élongation ou de claquage musculaire. La foulure des muscles de la cheville se rencontre souvent. Une foulure entraîne une douleur et une enflure. L'activité sportive doit être arrêtée pendant 2 semaines environ.

Si la gêne est peu importante et si vous traitez la foulure avec les conseils donnés ci-dessous, vous pouvez attendre 24 à 48 heures avant de consulter votre médecin, mais si l'enflure persiste au-delà de 48 heures, consultez.

SOULAGER LA DOULEUR D'UNE FOULURE

Le cataplasme

Appliquez une compresse imbibée d'une décoction de romarin.
Jetez dans une casserole remplie de 1 litre de vin rouge 50 g de feuilles de
romarin. Portez à ébullition pendant 5 minutes, puis laissez infuser
pendant 15 minutes. Utilisez en compresses tièdes pour calmer la douleur
des entorses ou des foulures.

Les massages

• Massez l'endroit douloureux avec une noix de beurre de karité.
• Massez la foulure avec de l'huile de camomille. Versez dans un saladier
1 litre d'huile d'olive, 100 g de têtes de camomille. Faites chauffer
doucement au bain-marie pendant 2 heures.
• Massez avec de l'aloe vera, sous forme de gel. Ce cactus du désert
soulage immédiatement la douleur grâce à ses vertus calmantes et
analgésiques.

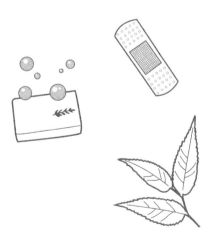

Maigrir et rester mince

Le sujet n'est pas ici de savoir comment lutter contre l'obésité, ce qui relève de la consultation médicale, mais plutôt de donner des conseils pour pouvoir perdre les quelques kilos superflus qui empêchent d'enfiler le jean préféré, ou tout simplement de se sentir bien dans sa peau (surtout en maillot !).

Mauvaises nouvelles : aucune crème amincissante ne réduira de 20 cm votre tour de hanches, et il n'existe non plus aucun traitement, aucun cachet susceptibles de vous faire maigrir sans remettre en question votre alimentation !

L'envie de perdre des kilos

Vous pouvez être certain d'avoir envie de maigrir, mais, par extraordinaire, être constamment en train de remettre au lendemain le régime que vous vous étiez promis de faire la veille. Perdre des kilos, même un ou deux, implique un minimum de volonté. Il faut donc que vous analysiez sereinement cette envie, réfléchissiez à ce qu'elle implique et étudiez la période à laquelle vous allez démarrer le régime. Évidemment, ne le commencez pas au moment où vous recevez votre famille ou partez en vacances, choisissez une période calme.
Quand vous serez décidé, comme s'il s'agissait d'un rendez-vous, déterminez une date, marquez le jour choisi dans votre agenda, et tenez-vous-y !

Qu'est-ce qui fait grossir ?

Certaines personnes se plaignent de grossir dès qu'elles mangent un peu trop de viande, d'autres ont le sentiment de ne pouvoir avaler la moindre part de fromage ou de pâtes sans qu'aussitôt leur taille ne prenne quelques centimètres (mais il ne sera jamais possible de savoir avec quoi ces personnes accompagnent leur viande, leurs pâtes ou leur fromage, ni l'importance de cette portion)... Nos corps réagissent tous différemment face à l'alimentation.
Si vous vous connaissez un tant soit peu, vous savez quelle incidence les aliments ont sur vous. Toutefois, au cas où vous l'ignoriez, même si les nutritionnistes ont depuis peu tendance à dire qu'il ne faut rien proscrire de notre alimentation, voici exposé ci-dessous ce qu'il faut savoir.

Le temps d'un régime, il faut éliminer totalement :
– les aliments saturés de gras, de sel ou de sucre (ou les trois à la fois) ;
– les fritures ;
– la charcuterie ;
– les plats en sauce ;
– les quiches ;
– les pizzas ;
– les pâtisseries, les biscuits et les viennoiseries ;
– les confiseries ;
– les boissons sucrées ;
– les liqueurs douces ;
– l'alcool ;
– les amuse-gueules : crackers, cacahuètes, noix de cajou…

S'il est conseillé d'alléger votre ration de sel, en aucun cas vous ne devez l'exclure de votre alimentation.

Ne prenez jamais certains « médicaments naturels à base de plantes », non prescrits par un médecin, sans en connaître la composition ou la posologie, mais dont on vous a dit le plus grand bien.

Ne prenez jamais des médicaments qui soignent des maladies, quelquefois graves, et dont un de vos amis a découvert qu'ils possèdent une extraordinaire qualité de « coupe-faim ».

Le temps d'un régime, il faut réduire sa consommation :
– de pain ;
– de féculents ;
– de viande rouge grasse ;
– de tout plat cuit dans le beurre, la margarine ou l'huile ;
– de fromage ;
– de sucre.

Les aliments à privilégier :
– les viandes maigres ;
– les poissons ;
– les œufs à la coque ;
– les légumes cuits à la vapeur (excepté les pommes de terre) ;
– les fruits ;
– les yaourts maigres (sucrés avec 1 cuillerée à café de miel).

Et surtout, il faut boire beaucoup d'eau plate, toute la journée, mais aussi au cours des repas. L'eau n'a jamais fait maigrir personne, mais, en cas de petit creux, un verre peut aider à augmenter la sensation de satiété.

DÈS QUE L'ENVIE DE GRIGNOTER SE FAIT SENTIR :

– mâchez du chewing-gum sans sucre ;
– brossez-vous les dents ;
– buvez de l'eau, une infusion, une tasse de thé vert ou de yerba maté ;
– faites une promenade ;
– appelez un ami ;
– respirez profondément ;
– bricolez, tricotez, travaillez sur un ordinateur ou faites du ménage : occupez vos mains, cela incite à ne pas manger.

Le sport est également idéal dans le cadre d'un régime amaigrissant. L'exercice en lui-même ne fait pas fondre les kilos, mais sortir, bouger, courir, sauter, exécuter des mouvements, s'échauffer muscle le corps, l'assèche et donne envie de continuer le régime.

Maigrir vite, maigrir lentement

C'est injuste ! À 18 ans, perdre 2 kilos n'est rien. En une semaine, l'affaire est réglée. Mais plus on avance en âge, moins on brûle de calories et plus il est difficile de maigrir. À 50 ans, une femme, si elle n'y prend pas garde, grossit d'environ 3 kilos. Certaines de beaucoup plus. Les hommes ont le même problème.

L'inactivité, les mauvaises habitudes alimentaires, l'abus d'alcool, de certains médicaments y sont pour beaucoup. À moins de pratiquer une diète sérieuse, et souvent imbécile, puisque quelques jours plus tard, forcément, les kilos perdus vont être repris, il n'est ni possible ni conseillé de perdre rapidement ses kilos.

Quand vous débutez un régime, il faut donc non seulement que vous soyez déterminé, mais aussi que vous ne vous mentiez pas. Il faut savoir que maigrir prend du temps et que si vous ne respectez pas ce temps, dès l'arrêt des privations, le poids perdu risque d'être repris, et même souvent augmenté d'un ou de plusieurs kilos. Aussi, faire un régime est inutile si vous n'êtes pas prêt à changer vos habitudes, et si vous recommencez à engloutir, dès le premier kilo perdu, des monceaux de tablettes de chocolat ou de baguettes beurrées.

Comment ne pas regrossir ?

La seule façon de stabiliser son poids est de continuer à faire de l'exercice, à privilégier les légumes verts et les fruits, à éliminer pâtisseries, fritures, sucreries et plats trop gras, à moins manger, tout en réintroduisant petit à petit les aliments éliminés de son alimentation.

Gérer ses envies

Si jamais, au moment de la stabilisation, des envies de charcuterie vous torturaient, ne vous en privez pas ! Mais accompagnez-la de salade ou de légumes verts, et oubliez le pain. Des écarts sont toujours autorisés, à condition d'alléger le repas suivant.

Quelques conseils...

• Au lieu de rester à rêvasser devant le frigo fermé, saisissez toutes les occasions pour vous dépenser, rangez, aménagez la cave ou le grenier, allez voir des expositions, bougez le plus possible, faites du sport, en allongeant chaque jour un peu plus vos séances d'activité physique, dédaignez l'ascenseur, empruntez l'escalier.

• Agrémentez vos plats d'une sauce allégée composée de 1 cuillerée à soupe de fromage blanc à 0 % et de 1 cuillerée à soupe de moutarde, ou de votre vinaigrette habituelle, mais diluée d'un peu d'eau, ou encore d'huile de paraffine additionnée de jus de citron et de fines herbes.

Pour éliminer la cuisson au beurre ou à l'huile

• Faites revenir les légumes dans un peu d'eau additionnée d'un cube de pot au feu dégraissé et utilisez une poêle antiadhésive pour la cuisson des viandes.
• Agrémentés d'herbes fraîches ou en pot, les poissons, les viandes et les légumes sont délicieux, cuits au four dans des papillotes de feuilles d'aluminium.

En famille ou avec des amis

Ne changez pas vos nouvelles habitudes, continuez à alléger les repas. Il sera toujours temps, au dernier moment, de verser sur les plats des convives un filet d'huile d'olive ou de servir une sauce à part.

Si le temps manque

Achetez des légumes frais emballés sous cellophane ou surgelés déjà épluchés, ils sont tout aussi riches en vitamines et minéraux.

Étudier les étiquettes

• N'achetez pas des plats tout faits prétendument allégés.
• Écartez les produits laitiers à 0 % mais déjà sucrés.

Pour recevoir

• Oubliez les cacahuètes et les chips ! Sur la table où est servi l'apéritif, servez des bâtonnets de carotte, de fenouil ou de concombre.
• À table, ne vous resservez pas, mangez un peu de fromage, mais sans pain.
• Buvez un verre de vin... mais pas plus !

Une envie de sucre ?

• Le sucre est très calorique (4 calories par gramme) lors des régimes, il ne faut pas en abuser.
• Servez-vous un citron pressé ou un yaourt maigre sucré à l'aspartame ou, mieux, au miel.
• Plutôt que d'utiliser des succédanés de sucre, préférez les sucres basses calories (vrai sucre et succédanés mélangés).

- Sucez un bonbon sans sucre.
- Mangez quelques raisins secs... mais pas tout le sachet !

Un gros creux ?

- Si vous ne pouvez pas rentrer chez vous et que la faim vous tenaille à l'heure du déjeuner, mangez un sandwich plutôt que de sauter le repas.
- Un sandwich pas trop gras, de taille raisonnable (vous pouvez n'en prendre que la moitié) ne vous fera pas grossir.
- Le matin, prenez un petit déjeuner copieux, à l'heure du déjeuner, un bon repas, et au dîner, juste quelques légumes et des fruits. Ne vous affamez pas. Ayez l'alimentation la plus équilibrée et la plus variée possible.

Respectez votre objectif ! Ne cherchez pas à perdre plus de poids que nécessaire. Évitez de tomber dans l'excès.
Lorsque vous aurez atteint votre objectif, demeurez vigilant : continuez le sport et une alimentation riche en légumes et en fruits.

DES AIDES MINCEURS

Ne buvez pas que de l'eau ! Des boissons comme le Yerba Maté et le thé vert et les infusions de reine-des-prés peuvent également vous aider lors de régime amaigrissant :

Le Yerba Maté
Originaire du Paraguay, du Brésil, de l'Argentine et de l'Uruguay, cette plante très riche en minéraux a la réputation de combattre la cellulite et de brûler les graisses.
Dans une casserole, versez 1 litre d'eau froide sur 25 g de Yerba Maté. Portez à ébullition, puis retirez la casserole du feu, ajoutez un peu d'eau froide et laissez reposer pendant 3 minutes. Filtrez.

Le thé vert
Peu fermenté, lors de sa fabrication, afin qu'il puisse garder l'intégralité des substances actives, il est très populaire en Asie. Stimulant, anti-vieillissant, il est également idéal pour aider à faire fondre la surcharge pondérale.
Seul bémol, si vous vous couchez tôt, évitez d'en boire après 17 heures.

Infusion de reine-des-prés
Buvez-en 3 tasses par jour, une demi-heure avant les trois repas.
Comptez 1 cuillerée à soupe de feuilles et de fleurs séchées pour 1 tasse
d'eau à peine frémissante. Laissez infuser 10 minutes.

Petits trucs
la gomme de caroube coupe la faim, le garcinia combat les envies
de sucre, le marc de raisin, en gélules, aide à limiter le stockage
des graisses.

Une demi-heure avant de passer à table
Buvez un café fort et sucré.
Buvez 1 cuillerée de vinaigre de cidre. Le vinaigre, dilué ou non, procure
une sensation de satiété.

Demandez conseil à votre pharmacien : il pourra également vous
proposer des préparations à base de plantes.

Les jambes

Les jambes lourdes

La sensation de jambes lourdes a pour origine un problème d'insuffisance veineuse, une mauvaise circulation sanguine. Si cette affection touche la plupart des femmes, les hommes n'en sont pas indemnes.

En cas de sensations intenses, de jambes douloureuses, de chevilles gonflées et empâtées, n'hésitez pas à consulter un angiologue, le médecin spécialisé des problèmes veineux.

Il vous fera alors passer un échodoppler veineux, grâce auquel il pourra visualiser votre flux sanguin et détecter une éventuelle anomalie.

Si une anomalie apparaît, il vous prescrira un traitement adapté.
En attendant cette visite, voici quelques précautions à prendre pour vivre mieux cet handicap :
– faites attention à votre ligne : l'excès de poids est l'un des principaux responsables de jambes douloureuses ;
– évitez de porter des pantalons ou des chaussettes trop serrés, qui risqueraient de gêner la circulation veineuse ;
– ne prenez pas de bains trop chauds ;
– douchez vos jambes, chaque matin, à l'eau froide ;
– évitez l'exposition prolongée et immobile au soleil ;
– dormez les jambes légèrement surélevées ;
– portez des bas de contention ;
– à la maison ou au bureau, changez fréquemment de position ;
– si vous devez rester debout longtemps, ne piétinez pas, marchez le plus possible ;
– assis, ne croisez pas vos jambes, et bougez vos orteils de temps en temps ;
– évitez le port de chaussures trop plates, trop hautes, trop pointues, ou de bottes trop serrées ;
– pratiquez un sport non brutal, nagez, faites du vélo, marchez réguliè-rement, prenez les escaliers plutôt que l'ascenseur, descendez du bus ou du métro une station plus tôt ;
– évitez la constipation ;
– n'abusez pas du café, ni de l'alcool ;
– ne frottez pas vos jambes au gant de crin ;
– buvez de l'eau, des infusions de plantes (1,5 l par jour à répartir au cours de la journée, c'est la quantité minimale) ;
– privilégiez une alimentation riche en légumes et en fruits (les antioxydants contenus dans les végétaux protègent les parois des veines).

Lors de longs voyages en avion :
– enfilez des chaussettes de contention dès le décollage ;
– promenez-vous régulièrement ;
– faites des mouvements de rotation des pieds ;
– évitez de prendre un somnifère pour dormir et bougez ;
– buvez beaucoup d'eau.

SOULAGER LES JAMBES LOURDES

• Prenez des gélules (360 à 720 mg par jour) d'extrait de feuilles de vigne.
• Massez vos jambes avec une macération à la menthe. Dans un bocal fermant hermétiquement, laissez durant 8 jours 1 poignée de feuilles de menthe fraîches, lavées, séchées, sur lesquelles vous aurez versé 3 cuillerées à soupe d'huile d'olive. Remuez souvent. Le neuvième jour, filtrez puis massez vos jambes avec la préparation.
• Buvez 1 tasse d'infusion de cyprès (sucrée éventuellement avec du miel) matin, midi et soir juste avant les repas. Faites bouillir pendant 15 minutes 30 g de cônes frais écrasés dans 1 litre d'eau, laissez infuser pendant 10 minutes puis filtrez.
• Buvez 2 tasses par jour d'une infusion de fragon épineux, 40 g de rhizomes pour 1 litre d'eau bouillante que vous aurez laissés infuser pendant 10 minutes.
• Buvez une infusion de myrtille. Mettez 10 g de plantes dans 1 litre d'eau froide, portez à ébullition, puis laissez infuser pendant 15 minutes.
• Buvez 1 tasse trois fois par jour d'hamamélis entre les repas. Jetez 1 à 2 g de feuilles séchées d'hamamélis dans 1 tasse, versez de l'eau bouillante par-dessus, puis laissez infuser pendant 10 à 15 minutes.
• L'été, quand il fait chaud, rafraîchissez vos jambes, à l'aide de gels frais et mentholés.

QUELQUES EXERCICES POUR FAVORISER LA CIRCULATION SANGUINE

• Asseyez-vous sur une chaise, le dos bien droit et les jambes serrées. Levez les extrémités de vos orteils vers le haut et courbez-les. Répétez l'exercice assez vite vingt fois de suite. Reposez-vous, puis recommencez.
• Debout, placez une serviette sous un de vos pieds et tentez de la ramasser avec vos orteils.
• Allongé sur le dos, levez les jambes à la verticale, le plus tendues possible, et dessinez des petits cercles avec la pointe des pieds. Commencez par quatre séries de quinze mouvements. Reposez-vous pendant 20 secondes. Recommencez en augmentant progressivement le nombre de séries.

• *Allongé sur le dos, pendant 20 à 30 secondes, pédalez tout en pratiquant des mouvements de flexion-extension de la cheville. Reposez-vous pendant 20 secondes. Recommencez.*

Les jambes fatiguées

En fin de journée, massez vos jambes en partant des coussinets près des orteils et en remontant vers l'arrière du mollet, le long de la veine (saphène), avec une pommade à base d'hamamélis.

Les varices

Dilatées et tordues, à l'apparence bleutée et gonflées, les varices sont des veines malades qui remplissent mal leur fonction de conducteur de sang vers le cœur. Les plus fréquentes sont celles situées au niveau des membres inférieurs : les jambes et les cuisses. Parfois, même très apparentes ou nombreuses, elles ne sont pas douloureuses.

Seules les varices qui augmentent rapidement de volume et qui s'enflamment le sont. Alors, elles provoquent des élancements, des fourmillements ou des crampes.

Il n'est pas possible de guérir les varices, il est juste possible de les traiter afin de diminuer et de réduire les douleurs et les lourdeurs qu'elles causent. Dans les cas plus problématiques, et si elles sont gênantes esthétiquement, une chirurgie peut être prescrite par un médecin.

Sont conseillés pour retarder la formation des varices :

– des exercices non violents (la natation, la marche, le vélo), visant à développer le tonus musculaire des jambes ;

– le port de bas de contention élastiques ;

– le choix d'un métier qui n'impose pas la station debout prolongée ;

– la vie dans un climat tempéré ou dans un intérieur modérément chauffé ;

– un régime alimentaire sans épices et sans trop de protéines animales ;

– d'éviter les bains chauds ;

– de dormir avec les jambes légèrement surélevées ;

– d'éviter, pour une femme, une contraception orale, désastreuse sur les parois veineuses.

L'acupuncture, l'homéopathie peuvent convenir à certains patients.

ASTUCES

ALLÉGER LES PROBLÈMES DE VARICES

• *Buvez trois ou quatre fois par jour en dehors des repas 1 tasse de tisane de feuilles de vigne rouge. Jetez 50 g de feuilles de vigne rouge dans 1 litre d'eau bouillante. Laissez infuser pendant 10 minutes.*

• *Buvez une tisane de fragon épineux (grand ami de nos veines). Jetez dans 1 litre d'eau 4 cuillerées à café de tiges de fragon épineux. Faites bouillir et maintenez l'ébullition pendant au moins 4 minutes. Laissez infuser pendant 10 minutes avant de filtrer. Sucrez avec du miel.*

• *Buvez 2 à 4 tasses dans la journée de tisane de bourse-à-pasteur, appelée également capselle (Capsella bursa-pastoris). Versez 1 litre d'eau bouillante sur 50 g de plantes séchées. Laissez infuser pendant 10 minutes puis filtrez.*

• *Buvez, pur, dilué dans l'eau ou dans du jus de fruit, 2 à 3 cuillerées à soupe par jour de vinaigre de cidre.*

Le massage

• *Massez les varices avec de l'huile de rose musquée du Chili.*

• *Massez les varices avec de la pommade au souci. Dans un mortier, écrasez 20 g de pétales de souci frais, ajoutez 2 cl d'huile d'amande douce. Faites chauffer le mélange, en douceur, au bain-marie. Laissez macérer toute une nuit, filtrez au matin. Ajoutez 4 g de beurre de cacao et 4 g de cire d'abeille. Faites chauffer à nouveau au bain-marie. Mélangez avec soin, puis versez dans un pot à couvercle à vis.*

Vous pouvez aussi trouver de la pommade au souci prête à l'emploi.

Avoir des jambes douces

Évitez l'épilation au rasoir et préférez une épilation à la cire tiède ou froide si vous avez des problèmes de circulation.

Après l'épilation, massez vos jambes avec de l'huile d'olive additionnée de gros sel et rincez à l'eau chaude. Le lait de châtaigne est également efficace, mais vous pouvez aussi frotter vos jambes avec une purée de pommes de terre imbibée de lait.

Les pieds

Bien soigner ses pieds

Au cours d'une vie, sur leur surface réduite, supportant tout le poids de notre corps, les pieds font au moins trois fois le tour du monde. Ils méritent donc d'être l'objet de toute notre attention.

Vérifiez chaque jour leur état pour détecter la présence de coupures, d'ampoules, d'hématomes, de changements de couleur, de gonflements, et soignez-les s'il le faut, sans oublier de poncer régulièrement les callosités – l'épaississement souvent douloureux de la peau – à l'aide d'une pierre ponce, moins agressive qu'une râpe métallique, puis d'appliquer une crème hydratante.

Lavez-les au moins une fois par jour, de préférence le soir, à l'eau chaude et au savon. Rincez-les à l'eau tiède ou froide et surtout, pour éviter les mycoses rebelles, séchez-les bien. Ne laissez aucune trace d'humidité sous et entre les orteils.

Le choix des chaussures : quelques conseils

Ayez au moins trois paires de chaussures. Changez-en souvent. Alternez les plates et larges avec les serrées ou les pointues. Si rien au monde, pas même la douleur, ne peut vous en empêcher, portez donc la paire à talons vertigineux ou les mules pointues et serrées que vous adorez à la seule condition de reposer vos pieds le lendemain dans des tennis confortables. En alternant vos chaussures, l'humidité à l'intérieur s'évaporera et les odeurs ne se développeront pas.

La paire de chaussures idéale devrait :
– tenir fermement le pied ;
– être souple, de manière que le pied puisse bouger sans entrave ;
– mesurer environ 1 cm de plus que la longueur du pied afin d'empêcher que les orteils ne touchent l'extrémité ;
– éviter de frotter le pied en largeur et au-dessus ;
– ne pas être plus haute que 4 cm ;
– soutenir, grâce à sa semelle, la courbure naturelle de la voûte plantaire ;
– avoir une doublure dépourvue de plis et de coutures en relief.

Les dégâts provoqués par des chaussures trop étroites, mal adaptées, qui compriment les ongles, les pieds, réduisant la surface porteuse et empêchant leur aération, peuvent entraîner de multiples lésions : cors, durillons, oignons (*Hallux valgus*), pieds d'athlète, ongles incarnés... Ces affections sont très rarement graves. Elles n'en sont pas moins désagréables.

N'achetez vos chaussures qu'en fin de journée, quand les pieds sont gonflés. Ainsi vous ne risquerez pas de marcher plus tard avec des chaussures trop étroites.

Les semelles dans les chaussures
Si vous êtes souvent debout, si vous marchez beaucoup, glissez des semelles dans vos chaussures.
Grâce à elles, vos pieds transpireront moins et le risque d'attraper une quelconque infection diminuera.

Soulager les pieds douloureux

Après être resté debout toute la journée, après avoir exercé un sport violent ou danser toute la nuit les pieds serrés dans des chaussures étroites, les pieds peuvent être douloureux.

Soulagez-les de la tension, de l'enflure et de la fatigue en appliquant dessus un sac de petits pois verts congelés ou un sac rempli de glaçons.

Quelques exercices pour pieds douloureux

• Haussez-vous sur la pointe des pieds et maintenez cette position en comptant jusqu'à cinquante. Redescendez lentement puis, les pieds bien à plat, une vingtaine de fois, roulez vos pieds vers l'extérieur en appuyant les côtés sur le sol.

• Debout, les jambes droites, les pieds parallèles, penchez lentement le corps d'avant en arrière une dizaine de fois.

• Debout, appuyez les mains contre un mur, puis pliez une jambe vers l'arrière en élevant votre talon le plus haut possible. Revenez en position normale et répétez avec l'autre jambe.

ASTUCES

APAISER LES PIEDS DOULOUREUX

• Frottez vos pieds pendant quelques minutes avec un coton imbibé d'alcool camphré, puis trempez-les pendant 5 à 10 minutes dans une bassine d'eau bien chaude additionnée d'une poignée de gros sel gris.

• Prenez un bain de pieds tiède dans une bassine contenant... de la salade.

• Prenez un bain de pieds tiède dans une bassine dans laquelle vous aurez jeté 2 cachets d'aspirine effervescente.

• Prenez un bain de pieds tiède dans une bassine dans laquelle vous aurez versé de l'infusion de sauge.

• Immergez les pieds pendant un quart d'heure environ dans une bassine remplie d'eau tiède dans laquelle vous aurez dilué 1/4 de tasse de bicarbonate.

• Trempez vos pieds dans une cuvette d'eau chaude additionnée de 5 gouttes d'huile essentielle de menthe poivrée. Recouvrez la cuvette d'une serviette pour enfermer la vapeur. Retirez vos pieds quand le liquide refroidit.

• Dans une bassine d'eau tiède, versez 1 cuillerée à soupe d'eau de Javel et 2 de gros sel, faites-y tremper vos pieds pendant 10 minutes, et lavez-les ensuite à l'eau froide.

Le pied sec et rugueux

Ces pieds ont la peau épaisse, dure, des talons fendillés, des durillons et des callosités.

Le problème n'est pas qu'inesthétique, cette sécheresse risque à la longue de provoquer aux endroits de pression des démangeaisons et des irritations douloureuses. Parfois même la peau menace de gercer, de craquer et de se fissurer.

Il ne faut pas laisser vos pieds dans cet état. Renoncez à l'eau trop chaude des bains ou des douches, ne les lavez pas avec des savons trop décapants, utilisez des savons surgras ou des savons « sans savon ». Une fois par semaine, après le bain, passez une râpe sur les endroits secs et rugueux du dessous des pieds, puis, après, appliquez une crème ou un lait hydratant, que vous mettrez aussi sur vos pieds les autres jours de la semaine.

Mais attention, les pieds secs peuvent être le signe d'une maladie de peau. Si vous n'en venez pas à bout rapidement, consultez.

HYDRATER LES PIEDS SECS

• Avant le coucher, étalez en couche épaisse, sans faire pénétrer, de la vaseline, de la Biafine® ou encore de la paraffine fondue au bain-marie, appliquée au pinceau. Enfilez des chaussettes en coton et dormez ainsi.

• Jetez dans une casserole d'eau 1/2 verre de pelures de pommes de terre et 1/2 verre de graines de lin. Faites cuire jusqu'à obtenir une purée épaisse, puis laissez un peu refroidir. Chaque soir, appliquez sur les pieds pendant au moins un quart d'heure, puis rincez.

ASTUCES

• Dans un bol, faites fondre tout doucement au micro-ondes du beurre de cacao additionné de 4 gouttes d'huile essentielle de lavande. Mélangez, puis laissez refroidir. Appliquez en couche épaisse de façon à bien recouvrir les pieds, que vous enveloppez d'un sac en plastique bien fermé, et laissez agir pendant un quart d'heure au moins.

• Trempez les pieds dans une bassine remplie d'eau tiède additionnée de lait et de 2 sachets de thé vert. La peau bien ramollie, éliminez les rugosités à la pierre ponce, puis essuyez soigneusement vos pieds et enduisez-les de crème.

Éviter la transpiration des pieds

Il paraît que 80 % de la population transpire des pieds, les hommes et les adolescents particulièrement. La raison en est le stress... et une hygiène discutable.

• Ne portez pas toujours les mêmes paires de chaussures (l'idéal serait d'en changer au moins deux fois dans la journée, surtout s'il s'agit de chaussures fermées). Les pieds et les chaussures ont besoin de sécher et de s'aérer.

• Préférez les chaussettes en coton, elles absorbent mieux la transpiration que celles en matière synthétique.

• Saupoudrez l'intérieur de vos chaussettes de talc, de bicarbonate de soude ou encore d'une pincée d'acide borique en paillettes, deux ou trois fois par jour.

• Préférez les chaussures ouvertes.

• Abandonnez les bottes et les tennis, où le pied macère.

• Garnissez vos chaussures de semelles au charbon de bois activé, efficaces contre les odeurs.

• Aérez vos chaussures, en enlevant les lacets et en tirant la languette vers l'extérieur.

ASTUCES

ATTÉNUER LA TRANSPIRATION EXCESSIVE DES PIEDS

• Trempez vos pieds dans un bain d'eau tiède dans lequel vous aurez versé une infusion de sauge assez corsée.

• Trempez vos pieds dans une décoction (tiédie) de feuilles de laurier.

• Après le bain de pieds, séchez puis badigeonnez vos plantes de pied avec une macération de prêle. Faites macérer pendant 20 jours dans un bocal hermétiquement fermé 100 g de prêle pour 200 g d'alcool à 90°. Remuez souvent. Filtrez.

• Saupoudrez dans le fond des chaussures des feuilles séchées de sauge broyées très finement.

L'infection entre les doigts de pied ou pied d'athlète

Il s'agit d'une infection causée par un champignon. Les pieds d'athlètes sont très contagieux, très répandus et très gênants. Les symptômes se manifestent par une odeur forte et persistante, des plaques rouges, une peau fissurée entre les orteils et des démangeaisons importantes.

Pour éviter l'infection, une bonne hygiène est recommandée. Lavez vos pieds tous les jours, et séchez-les ensuite très soigneusement entre les orteils. Talquez-les s'il fait chaud. Et n'hésitez pas à retirer vos chaussures dans la journée pour laisser les pieds respirer.

On attrape un pied d'athlète en :

- gardant les pieds humides pendant une longue période ;
- portant des chaussures en matière synthétique (tennis), des chaussures trop petites, qui, en ne laissant pas le pied respirer, favorisent le développement de germes ;
- marchant pieds nus dans les gymnases et les piscines.

Dès les premières manifestations, consultez votre pharmacien ou un médecin.

En attendant cette visite, prenez des bains de pieds, séchez vos pieds avec l'air chaud du séchoir (les serviettes pourraient propager les germes), évitez le port des chaussures à l'origine de la maladie, ou désinfectez-les en passant à l'intérieur un coton imbibé d'alcool.

Les cors, les durillons et les œils-de-perdrix

Un cor au pied est une callosité dure, douloureuse, possédant une racine qui s'enfonce dans la peau. Il est situé en général au-dessus d'une articulation. Un durillon, généralement jaune pâle et de forme mal délimitée, est un épaississement plus étendu, souvent en bordure de la plante du pied, qu'on peut retirer facilement à l'aide d'une pierre ponce. L'œil-de-perdrix est un cor mou. Il se développe entre les orteils lorsque la peau macère.

Les ampoules

Les ampoules sont très courantes. Elles sont causées par des frictions ou des brûlures et se forment par l'accumulation de liquide sous l'épiderme. Bien que douloureuses, elles ne sont pas dangereuses, cependant elles peuvent s'infecter. Ne percez pas une ampoule, cela favoriserait l'infection.

Si elle a éclaté, désinfectez-la, puis couvrez-la d'un pansement stérile.

Éviter les ampoules

Avant d'enfiler bas ou chaussettes, appliquez de l'alcool sur les zones sensibles ou encore enduisez de vaseline les points de frottement du pied sur la chaussure.

Pour éviter les ampoules lors d'une marche intense, collez un pansement sur les zones de frottement ou enfilez une vieille paire de chaussettes, puis une bonne paire par-dessus. Vous aurez ainsi la peau protégée.

Les verrues plantaires

Bénignes mais contagieuses, dues à des virus de la classe du *Papilloma virus*, ce sont des excroissances cutanées rugueuses et bien délimitées, qui s'installent sur et sous les pieds. Alors, tout le poids du corps reposant sur elles, elles deviennent douloureuses.

Elles s'attrapent le plus souvent dans les gymnases et dans les piscines. D'où l'intérêt de ne pas marcher pieds nus ! En pharmacie, il existe maintenant des traitements locaux visant à « brûler » la verrue en une application.

ASTUCES

VAINCRE LES VERRUES PLANTAIRES

• *Appliquez à l'endroit de la verrue une macération à base d'écorce d'orange. Versez du vinaigre de cidre sur des écorces d'orange ou de citron, et laissez macérer pendant 24 heures. Appliquez, avant le coucher, les écorces sur les verrues, en les faisant tenir par un sparadrap, et laissez agir pendant toute la nuit. Recommencez jusqu'à disparition complète.*

• *Passez sur la verrue une alliance en or, préalablement frottée sur du coton.*

Les ongles des pieds

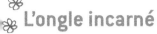

L'ongle incarné

L'ongle incarné est un ongle qui pénètre dans la chair qui l'entoure, le plus souvent sur les côtés, provoquant une inflammation, une enflure, des coupures, des douleurs à la pression et à la marche, et parfois même une infection.

Pour éviter ce problème :
– vérifiez souvent vos ongles ;
– évitez de couper vos ongles dans les coins ;
– ne coupez pas vos ongles trop courts ;
– limez les angles trop marqués ;
– désinfectez les inflammations ;
– évitez le port de chaussures trop ajustées.

Au moindre signe d'infection, consultez un médecin. Sinon, ce problème peut être traité en aidant l'ongle à pousser au-dessus de la peau.

Soigner l'ongle incarné
– baignez le pied pendant 30 minutes dans de l'eau tiède additionnée d'un peu de sel ou de savon antibactérien, puis, à l'aide d'un bâtonnet en buis préalablement désinfecté, soulevez avec douceur, sur au moins 0,5 cm, le rebord de l'ongle ramolli, dégagez-le de l'endroit douloureux, puis glissez entre la peau et l'ongle une mèche de coton ;
– désinfectez la zone douloureuse et, pendant quelques jours, jusqu'à ce que la rougeur et l'enflure disparaissent, ne portez plus de chaussures serrées mais des chaussures à bout ouvert.

ÉVITER L'ONGLE INCARNÉ

Griffez délicatement et régulièrement le dessus de l'ongle avec un morceau de verre cassé. En retirant ainsi un peu de kératine, vous obligez l'ongle à se rétracter et donc à pousser hors des chairs.

L'ongle à l'aspect grignoté : mycose des ongles ou onychomycose

Vos ongles jaunissent, s'effritent, s'épaississent ou se décollent ? N'hésitez pas à consulter ! Vous devez être atteint de mycose des ongles : l'onychomycose. Ces champignons microscopiques prolifèrent dans les milieux chauds et humides comme les chaussures, se nourrissent de kératine – la protéine qui compose l'ongle –, jusqu'à sa complète destruction. Les ongles les plus souvent atteints sont ceux du gros et du petit orteil.

La plupart des personnes qui souffrent de mycose des ongles ignorent être malades, et, à cause de cette ignorance, attendent à tort l'aggravation des lésions pour consulter. À long terme, il y a de grandes chances pour que ce type d'infection à champignons devienne douloureuse. Selon les médecins inquiets, la fréquence de cette maladie contagieuse ne cesse d'augmenter.

L'onychomycose touche plutôt les personnes âgées et celles qui souffrent d'une mauvaise circulation sanguine, les diabétiques et les porteurs du virus de l'immunodéficience humaine (VIH). Quand la maladie est diagnostiquée, en général par une analyse en laboratoire, le médecin élimine la plus grande partie infectée possible de l'ongle, puis soigne à l'aide de pommades, de gels ou de vernis à ongles médicamenteux, ou encore par comprimés.

La chirurgie est réservée aux cas exceptionnels. Mais, il faut le savoir, environ 10 % des patients sont de nouveau infectés au cours de l'année qui suit.

Afin d'éviter cette maladie, il est recommandé :
– de se laver tous les jours, et avec soin, les pieds, en les séchant bien entre les orteils ;
– d'utiliser, pour le nettoyage des ongles, des instruments désinfectés à l'alcool, au moins à 70° ;
– de ne pas porter de chaussures ou de bas trop serrés ;
– d'aérer au maximum ses chaussures ;
– d'éviter de marcher pieds nus, surtout à la piscine ;
– de préférer les chaussures en cuir aux chaussures en plastique, qui facilitent la macération des pieds.

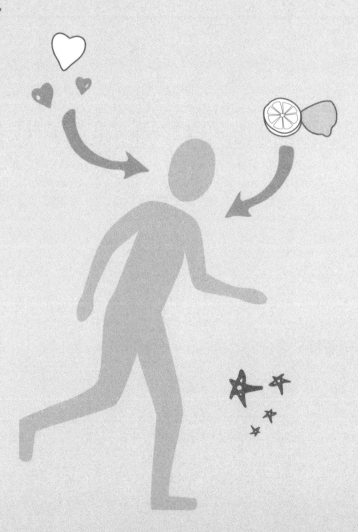

La tête et le corps :

coups de fatigue

La fièvre

La fièvre est une réaction de l'organisme généralement face à une infection (causée par un virus ou une bactérie).

Les yeux brillent, les joues deviennent rouges, le corps est chaud au toucher car la température dépasse 38° C.

Entre 38° et 39°, elle est en général bien supportée, mais la faire descendre en :
- baissant la température de la pièce
- se dénudant le plus possible
- mouillant le front et les cheveux.

S'il s'agit d'un enfant dont la température monte dangereusement, surtout ne le couvrez pas, dévêtissez-le, aspergez-le d'eau tiède et dirigez l'air froid du séchoir à cheveux ou d'un ventilateur sur lui
- ou donnez-lui des bains de un à plusieurs degrés en dessous de la température du corps pendant un quart d'heure.
- buvant suffisamment, de préférence des tisanes légèrement sucrées
- en n'abusant pas, sans l'avis du médecin, de médicaments contre la fièvre, particulièrement si la fièvre est autour de 37, 5°. Elle peut contribuer à lutter contre les infections.

Mais surtout, vérifiez d'heure en heure si la température monte et notez son évolution, surtout s'il s'agit d'un enfant car d'une part il peut y avoir un risque de convulsion fébrile et d'autre part, cette évolution peut être un indice précieux pour le médecin

Le thermomètre en verre classique ou électronique utilisé par voie rectale permet de mesurer la fièvre. Ils doivent être soigneusement désinfectés à l'aide d'un coton imbibé d'alcool à 90°, après chaque utilisation, **Si la fièvre se prolonge après 24 heures, la visite du médecin s'impose.**

ASTUCES

FAIRE BAISSER LA FIÈVRE EN APPLIQUANT DES COMPRESSES

Trempez une compresse dans l'eau vinaigrée et appliquez-la sur les mollets, les poignets, les chevilles et la nuque.

COMPENSER LA DÉSHYDRATATION ENGENDRÉE PAR LA FIÈVRE

Buvez tout au long de la journée :
– de l'eau ;
– des infusions de tilleul ;
– de la citronnade (1 citron frais en tranches dans de l'eau ou le jus de 1 citron dans 1/2 verre d'eau sucrée) ;
– du bouillon de légumes riche en sels minéraux.

N'habillez pas trop chaudement un tout-petit qui a de la fièvre, mais au contraire déshabillez-le. Cela aidera à ce que sa température baisse. Appliquez des linges humides et frais sur son front pour faire baisser la fièvre.
Sans avis médical, ne lui donnez aucun médicament, et surtout pas de l'aspirine.

L'insomnie

      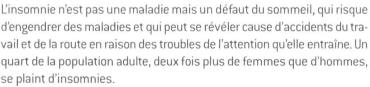

L'insomnie n'est pas une maladie mais un défaut du sommeil, qui risque d'engendrer des maladies et qui peut se révéler cause d'accidents du travail et de la route en raison des troubles de l'attention qu'elle entraîne. Un quart de la population adulte, deux fois plus de femmes que d'hommes, se plaint d'insomnies.

L'organisation du sommeil a des caractéristiques propres à chacun : certaines personnes dorment dix heures et d'autres cinq. La plupart des adultes ont besoin, chaque nuit, d'environ sept heures d'un bon sommeil, lent, profond et récupérateur.

Si vous n'arrivez plus à vous endormir, si vous vous réveillez au milieu de la nuit et que vous ne pouvez plus retrouver le sommeil, si, dans la journée, épuisé, déprimé, irritable, vous n'avez plus d'énergie et ne pouvez plus vous concentrer sur quoi que ce soit tellement vous êtes fatigué, on peut dire que vous souffrez d'insomnie.
Dormir est aussi nécessaire que boire ou manger. Les troubles du sommeil sont un problème sérieux.

Si cet état n'est pas lié à un événement particulier, mais s'est installé de façon chronique, il faut en parler à votre médecin.

L'insomnie peut être causée par le stress, la dépression, des problèmes de santé, de travail, des préoccupations, l'inactivité physique, trop d'activités cérébrales, un mauvais environnement, des troubles du voisinage, mais aussi par une trop grande consommation de caféine ou d'alcool.

Il est donc recommandé :
- d'avoir une activité physique régulière, mais pas après 17 heures ;
- d'éviter de boire dans la journée, et surtout le soir, du café, du Coca ;
- de prendre son dîner, si possible pas trop gras et pas trop arrosé, à un moment suffisamment éloigné du coucher ;
- de réserver seulement sa chambre à coucher et le lit au sommeil... et à l'amour ;
- de s'adonner le soir à des activités relaxantes comme l'écoute de la musique ou la lecture ;
- de prendre un bain relaxant avant le coucher ;
- de boire une tisane sédative avant le coucher ;
- d'abaisser la température de la chambre à 18 °C ;
- d'humidifier l'atmosphère de la chambre ou de dormir dans une pièce aérée ;
- de bien fermer les rideaux ou les persiennes ;
- de pratiquer toujours le même rituel avant de se mettre au lit (démaquillage, brossage des dents, lecture de chevet ou musique douce...) ;
- de se coucher tous les soirs à la même heure, dans un lit équipé d'une bonne literie (l'être humain, paraît-il, a des réflexes conditionnés) ;
- d'éviter, avant d'éteindre, de regarder des films d'action trop violents, de lire des livres de suspense ou d'action intense ;
- d'essayer, une fois au lit, de ne pas ressasser ses tracas mais de penser à des choses gaies, à ce qui fait plaisir.

COMBATTRE L'INSOMNIE SANS AVOIR RECOURS AUX MÉDICAMENTS

• Boire

– 1 heure avant le coucher

Des infusions de valériane, de ballote, de coquelicot, de passiflore, de corossolier ou encore de millepertuis. Laissez infuser pendant 10 minutes environ. Comptez à peu près 1 cuillerée à café par tasse. Sucrez avec du miel d'oranger ou de tilleul et buvez chaud.

– Au moment du coucher

1 verre de lait bien chaud additionné de 1 cuillerée à thé d'huile de nigelle et sucré au miel ou 1 cuillerée à soupe de vinaigre de cidre versée dans 1 verre d'eau tiède et sucrée au miel.

• Prendre un bain chaud

– Dans lequel vous verserez de l'huile essentielle de basilic, de marjolaine, de lavande ou d'orange.

– Dans lequel vous verserez 1 tasse de vinaigre de cidre.

• Dormir dans une chambre aux murs pourpres

Selon les chromothérapeutes, cette couleur combat l'insomnie et calme les excitations nerveuses.

• Faire quelques exercices dans le lit

– Agitez doucement vos orteils.

– Frottez légèrement votre estomac.

– Serrez tous vos muscles ensemble fermement pendant quelques minutes.

• Essayer la relaxation, l'homéopathie et l'acupuncture

Lutter contre la fatigue

Sans aucune cause évidente, vous vous sentez épuisé, avec une incapacité à vous concentrer sur votre travail ou à exécuter le moindre acte quotidien. Vous dormez mal et vous lever le matin est de jour en jour plus difficile. Vos réflexes sont ralentis et la migraine, les douleurs musculaires vous gâchent la vie.

Les causes peuvent être multiples : un régime déséquilibré, des problèmes psychologiques, de vie, de travail, mais aussi toutes sortes de maladies. Si cet état dure depuis des mois sans aucune amélioration, méfiez-vous ! Une fatigue intense qui s'installe peut correspondre à un signal d'alarme auquel il faut être attentif.

La fatigue est à prendre au sérieux : consultez votre médecin !

L'ALIMENTATION À PRIVILÉGIER EN CAS DE FATIGUE (ASTHÉNIE)

Mangez des céréales complètes, avec une préférence pour le millet et les légumes frais, en particulier les carottes, le céleri et le chou, accompagnés d'ail, d'oignons et de persil.

Privilégiez les fruits frais, avec une préférence pour les abricots, les prunes et le raisin en saison, et les pommes, ainsi que des amandes et le jus de citron (en assaisonnement de salades et en boisson) toute l'année.

Les boissons à base de soja, le jus d'orange le matin au petit déjeuner, les jus de pamplemousse ou de citron sont à préférer, surtout s'ils sont sucrés avec du miel d'acacia.

En complément de cette alimentation, les naturopathes conseillent de faire des cures de magnésium, antistress par excellence, de pollen de fleurs, merveilleux rééquilibrant et générateur de bien-être, et des cures alternées de gelée royale et de ginseng. Les doses sont à voir avec votre médecin ou votre pharmacien.

• En cas de coup de pompe
Brossez-vous énergiquement les paumes des mains à la brosse à ongles ! L'adrénaline qui se diffusera dans votre corps vous donnera un coup de tonus immédiat.

• À éviter
N'avalez pas café sur café. Le café est un stimulant rapide, qui perturbe le sommeil et génère de la fatigue. Limitez votre consommation d'alcool : une des causes courantes de l'épuisement.

• Un bain contre la fatigue
Plongez dans un bain chaud dans lequel vous aurez versé 2 à 3 kg de sel marin.

Lutter contre la déprime

Chacun d'entre nous passe un jour ou l'autre par une baisse de moral, des moments de tristesse, d'angoisse et de découragement. La vie n'est pas toujours facile et nous ne pouvons pas toujours être au mieux de notre forme. Mais parfois, la déprime s'installe pour longtemps, pendant des mois, voire des années, et là, c'est bien autre chose.

S'il s'agit d'un trouble de l'humeur qui s'accompagne d'un désespoir profond, d'un dégoût de soi, d'une dévalorisation et d'une anxiété, le tout se traduisant par un ralentissement et une diminution des fonctions intellectuelles et de l'activité, on peut parler de dépression. Le mécanisme de la dépression n'est pas connu avec précision, mais ce serait une grave erreur de considérer qu'un déprimé ne montre qu'une faiblesse de caractère ou un manque de volonté. La dépression est une maladie.

Environ 10 % de la population française souffre d'un état dépressif. Tous ne bénéficient pas d'un traitement adapté, et c'est dommage, car, lorsque la dépression est diagnostiquée, elle est, la plupart du temps, traitée avec succès, comme toute autre maladie.

Une consultation chez un médecin est donc obligatoire.

Prévenir la déprime

Dès les premiers symptômes, réagissez !
• Sortez, prenez l'air, respirez avec une grande amplitude.

- Pratiquez un sport, dépensez-vous : 1 heure de footing par jour en forêt, sur la plage, à la campagne, ne peut vous faire que du bien.
- Prenez soin de vous, habillez-vous, allez chez le coiffeur. Dorlotez-vous.
- Arrangez votre appartement, rendez-le plus lumineux, plus agréable en changeant les meubles de place, en rangeant, en jetant les objets inutiles.
- Occupez-vous. Lisez, voyez des films drôles, bricolez, jardinez. Rencontrez des amis. Surtout, ne restez pas seul à ressasser vos problèmes.
- Voyagez. Laissez derrière vous vos soucis. Contemplez de nouveaux paysages. Allez à la rencontre d'autres personnes.
- Nagez en piscine, dans la mer. Barbotez dans des bains. L'eau est souveraine pour lutter contre la déprime.
- Si vous le pouvez, suivez une psychothérapie.
- Faites-vous du bien.

Mais surtout, évitez l'alcool. Même si un verre peut donner l'illusion d'un coup de pouce, la baisse de moral revient très vite.

LES PLANS ANTIDÉPRIME

- *Buvez tous les matins un grand verre de jus de pomme frais.*
- *À la place du café du matin, buvez un jus de citron additionné d'eau chaude et de miel. Le citron est un excellent reconstituant. Il contient de l'oxygène et du phosphore, qui donne de l'énergie, de la vitalité et stimule le cerveau.*
- *Grignotez des fruits secs dans la journée.*
- *Mangez des légumes verts, et saupoudrez vos plats d'herbes (persil, cerfeuil, estragon, ciboulette, coriandre...).*
- *Certaines plantes, comme le millepertuis, peuvent être prescrites pour les états dépressifs : abattement, manque d'intérêt, manque d'énergie, sentiment de culpabilité. En principe, elles sont bien tolérées. Parlez-en à votre médecin.*

Un coup de tonus immédiat
Brossez-vous énergiquement les paumes des mains avec une brosse à ongles.

Calmer l'anxiété

Buvez, avant d'aller vous coucher, une décoction de basilic. Jetez 25 g de feuilles fraîches de basilic dans une casserole remplie de 50 cl d'eau bouillante. Couvrez et laissez frémir pendant 10 minutes. Filtrez la décoction et laissez refroidir.

Calmer la nervosité

Coupez 1 oignon en deux. Respirez fortement son odeur.

Soulager le stress

Massez tout votre corps avec un mélange de 3 cl d'huile de massage additionnée de 10 gouttes d'huile essentielle de bergamote.

Se détendre en prenant un bain

• Dans la baignoire remplie d'eau à 37 °C, versez un bol d'eau tiède additionnée de 6 à 10 gouttes d'huile essentielle de basilic. Barbotez dans le bain durant une dizaine de minutes, en prenant bien soin de respirer à fond les effluves.

• Diluez dans un bol de lait 15 à 20 gouttes d'huile essentielle de rose, et versez dans l'eau chaude du bain. Plongez dans le bain, et respirez à fond les effluves.

Respirer

Si vous ne disposez pas d'un diffuseur d'huile essentielle ou d'un vaporisateur, l'hiver, versez quelques gouttes d'huile essentielle de citron sur une serviette-éponge, que vous placerez sur un radiateur chaud. L'été, placez-la sur une lampe.

Apaiser le sommeil

• Versez 5 gouttes d'huile essentielle de lavande sur un mouchoir, que vous placerez sous votre oreiller.

• Une demi-heure avant le coucher, buvez un verre de lait additionné de 1 petite cuillerée de miel.

Certaines plantes comme le millepertuis peuvent être prescrites pour les états dépressifs : abattement, manque d'intérêt, manque d'énergie, sentiment de culpabilité. Ces plantes, en principe bien tolérées, sont à manier avec précautions. Parlez-en à votre médecin.

Les numéros d'urgence

Numéros à appeler en cas d'urgence en France

15 : Urgences médicales (Samu)
112 : Avec le téléphone portable

18 : Pompiers
112 : Avec le téléphone portable

17 : Police ou gendarmerie
112 : Avec le téléphone portable

112 : Numéro d'urgence européen qui réoriente vers les différentes urgences (médecine, police...)

Les centres antipoison en région

Médecin toxicologue 24 heures sur 24 et 7 jours sur 7

Angers : 02 41 48 21 21
Bordeaux : 05 56 96 40 80
Lille : 08 25 81 28 22
Lyon : 04 72 11 69 11
Marseille : 04 91 75 25 25
Nancy : 03 83 32 36 36
Paris : 01 40 05 48 48
Rennes : 02 99 59 22 22
Strasbourg : 03 88 37 37 37
Toulouse : 05 61 77 74 47

Numéros à appeler en cas d'urgence en Belgique

100 ou **112** : Pompiers et ambulances
101 : Police fédérale
105 : Croix-Rouge (aide et intervention en cas de sinistre ou de catastrophe)
070 245 245 : Centre antipoison
02 268 62 00 : Centre des brûlés
02 513 02 02 : SOS médecins
0900 10500 : Pharmacies de garde

Numéros à appeler en cas d'urgence en Suisse

144 : Ambulances, premiers secours, appels en cas d'urgence vitale
117 : Police
118 : Pompiers
145 : Intoxications (avec médicaments, produits toxiques...), appels d'urgence

Numéros à appeler en cas d'urgence au Luxembourg

112 : Secours aux personnes blessées et malades, en cas d'incendie,

d'inondation, d'intoxication, de pollution, de dégâts
113 : Police grand-ducale

Numéros à appeler en cas d'urgence au Québec

1 800 463 5060 : Centre antipoison du Québec

911 : Urgence santé
1 800 461 2131 : Sûreté du Québec

table des matières

mes notes

Dans la même collection : *Le guide du tout propre*

À venir : *Le guide du tout ranger*

Retrouvez Claudine Wayser sur son site :
www.toutclean.com

Direction littéraire : Corinne Cesano
Secrétariat d'édition : Benoît Bontout
Collaboration éditoriale : Sophia Marchesin
Maquette : Julia Philipps
Conception graphique de la couverture : Guylaine Moi

© 2008, Éditions Solar, un département de place des éditeurs

Tous droits de traduction, d'adaptation et de reproduction
par tous procédés, réservés pour tous pays.

ISBN : 978-2-263-04517-2
Code éditeur : S04517
Dépôt légal : janvier 2008

Imprimé à Tours chez Mame